隆慶壬申端午五峰文伯仁寫
金陵古今名勝共十八景

支谦传

王毓 著

南京历史文化名人系列丛书

南京市文化广电新闻出版局
南京市博物总馆 编

凤凰出版社

图书在版编目（CIP）数据

支谦传 / 王毓著. -- 南京 : 凤凰出版社, 2017.12
（南京历史文化名人系列丛书）
ISBN 978-7-5506-2728-4

Ⅰ. ①支… Ⅱ. ①王… Ⅲ. ①支谦—传记 Ⅳ. ①B949.92

中国版本图书馆CIP数据核字(2017)第326012号

书名	支谦传
著者	王毓
责任编辑	顾娟 尤丹丹
装帧设计	徐慧
出版发行	凤凰出版社(原江苏古籍出版社) 发行部电话025-83223462
出版社地址	南京市中央路165号,邮编:210009
出版社网址	http://www.fhcbs.com
照排	南京凯建图文制作有限公司
印刷	江苏凤凰通达印刷有限公司 南京市六合区冶山镇,邮编:211523
开本	718×1005毫米 1/16
印张	6.75
字数	100千字
版次	2017年12月第1版 2017年12月第1次印刷
标准书号	ISBN 978-7-5506-2728-4
定价	68.00元

(本书凡印装错误可向承印厂调换,电话:025-57572508)

南京历史文化名人系列丛书编委会

序　言

南京古称金陵、建邺、建康等，是素负盛名的“六朝古都，十朝都会”，与北京、西安、洛阳并称为中国四大古都。南京在历史文化上的独特性，体现在曾多次承担过中华民族救亡图存、走向复兴的历史责任与历史使命。在历史文化的视野下，把南京置于国家民族的历史长河中，探寻这座城市对于中华文明所起到的作用，会发现在中国历史上，没有哪一座城市像南京这样，与中华民族的命运如此紧密地联系在一起。

2500多年的建城史，450年的建都史，使得南京在历朝历代都涌现出许许多多为中华数千年文明作出过重要贡献的杰出人物，他们广泛地活跃在政治、经济、军事、文化、艺术、宗教、科技、曲艺等方面。在这些“立德、立功、立言”的杰出人物的身上，集中体现着中华民族精神的标记，印证着历史人文精神的深邃。虽然这些历史身影已随着逝去的时代而远去，但他们留下的物质或非物质的印记，作为后来者追慕先贤、思索人生、承继前行的路标，仍然是南京乃至中华民族弥足珍贵的文化资源和极其宝贵的精神财富，是中国历史文化脉络的重要组成部分，更是加快南京历史文化名城建设不可或缺的要素。

2014年初夏，南京市政府根据“十二五”规划文化建设中提出的传承创新、推动文化大发展大繁荣的要求，出于充分挖掘、利用南京在历史名人资源方面的优势，彰显南京独特的历史名人文化，进而发挥文化引导社会、教育人民、推动发展的功能，增强民族凝聚力和创造力的目的，要求南京市文化广电新闻出版局及其下属单位在调查研究的基础上，提出切实可行的南京历史文化名人展示工作的实施方案。

客观、科学地界定南京历史文化名人，按不同的时代、不同的系统梳理罗列出来，不是一件容易的事。新成立的南京市博物总馆文化遗产保护研究所具体承担了起草《南京历史文化名人展示工作实施方案》的工作，在经过了近一个月披沙拣金般的梳理与遴选后，研究所的同志们按时交出了一份包括近400位待选的南京历史文化名人小传的征求意见稿。此后，在南京市委、市政府、市政协主要领导的关心与支持下，南京市文化广电新闻出版局就如何实施南京历史文化名人的弘扬与展示工作认真调研，反复斟酌，并召开了多次由市领导与南京大学、南京师范大学、南京博物院等专家学者参加的专题论证会，最终在集思广益达成的共识的基础上，甄选出首批共79位在南京乃至国内外都有一定历史地位、在彰显南京历史文化方面具有一定代表性的南京历史文化名人，并确定了在深入挖掘其内涵的基础上，采用雕塑创作、遗址与博物馆建设、遗迹修缮、深度挖掘出版、文艺创作等5种向全社会推介展示这些南京历史文化名人的方式。

这其中的深度挖掘出版方式，指的是在采撷、整理文献史料的基础上，编辑出版以南京历史文化名人为系列的名人传记或故事，适用于那些历史文献和地方志书中虽有明确记载，对南京历史文化发展也有较大影响，但其相关遗迹、遗存尚不确定的南京历史文化名人，藉以系统地呈现南京历史文化，进一步增强南京文化软实力与综合竞争力。采用深度挖掘出版方式予以宣传推介的南京历史文化名人的人选，包括三国时期的书法家皇象、佛经翻译家支谦，东晋时期的道教学者葛洪、美术家戴逵、名僧暨佛经翻译家法显，南朝刘宋时期的天文学家何承天、史学家范晔、文学家刘义庆，南齐的开国皇帝萧道成、画家陆探微、诗人谢朓、美术评论家谢赫，南朝齐梁时期的文学批评家钟嵘，唐代诗人王昌龄，明代文学家宋濂、学者焦竑、书法篆刻家文彭，明末清初的竹刻艺人濮仲谦，清代文学家方苞，近代建筑设计师亨利·墨菲共计20人。该项工作由南京市文化广电新闻出版局负责。

考虑到社会影响并兼顾大多数人的接受程度，南京市文化广电新闻出版局与南京市博物总馆的主要领导认为《南京历史文化名人系列丛书》的编撰和出版工作应尽可能达到如下几点要求。一是实事求是，科学取舍。要运用历史唯物主义观点和方法收集资料，去粗取精，去伪存真，力求内容的史料性、思想性和资料性的统一。在尊重历史真实的前提下，对涉及政治、民族、宗教等重大敏感问题，在史料取舍与叙述上，谨慎科学处理。二是主题突出，详略得当。在具体的文字内容上，应包括上述各南京历史文化名人的生平事迹、主要成就及其对后世的影响，并尽可能将每个人物的成就及其与南京之间的关系或联系，在书中予以浓墨重彩地展示。三是深入浅出，通俗易懂。丛书的篇幅不宜过长，避免阳春白雪、曲高和寡，编撰行文应言之有物，但在行文中仍然务需严谨、规范，所使用的材料要求有来源、有依据，注重和突出面向大众的宣传、推介效果，争取较强的可读性，力求做到雅俗共赏。四是图文并茂，引人入胜。作为一部介绍历史名人的图书，在诸方面要凸显其文化特点和艺术魅力，每本书宜在行文中都配附一定数量、与书籍内容相关的图片，做到图文并茂，雅俗共赏。

这样一套面向社会大众的普及性质的读物，自然不宜高头讲章般的满是庙堂之气，但学术层面的严谨和求实，也都必须遵循而丝毫马虎不得，因而对于编写工作的要求其实是相当高的，所以寻找合适的作者自然也就成了让人头疼不已的事。在这一方面，南京市博物总馆下辖的文化遗产保护研究所为之付出了艰苦的努力。

我们编纂这套《南京历史文化名人系列丛书》不仅仅是为了让来者见贤思齐，心追范式，更主要是为了让后人通过读史而能自省，深入发掘、总结、提炼中国历史文化中的优秀精神，推动社会主义精神文明和物质文明协调发展，古为今用，洋为中用，把中华民族的优秀传统转变为现实中有生命力、有影响力的东西，从而进一步增强民族自信心和凝聚力，为促进中国特色社会主义文化建设的健康发展，激发全民族文化创新创造活力，不断铸就中华文化新辉煌，尽一份绵薄之力。

鉴于《南京历史文化名人系列丛书》所涉部分历史人物可资参阅的史料极其有限，加之编写时间匆促，本书难免存在这样或那样的缺憾。在此诚恳希望专家读者多加指教，以便有机会再作修改与补充。

2018年3月

目　录

引　言

支谦，字恭明，又名越，时人亦呼“支郎”，大月氏人，三国时期著名的居士译经家，具体生卒日期不详，约为公元195—255年左右。支谦与其师支亮、师祖支谶并号“三支”。时人称之曰：“天下博知，无出三支”。

汉末三国时代是中国历史大动荡时期。今天我们能够看到的中国传统史学叙事对于这一时期的描述，着眼于政治史。在一个群雄逐鹿的时代里，各方英雄“你方唱罢我登场”，城头旗帜变换如走马，历史中每一个具体的人和他们琐碎平凡的日常生活成为了时代巨变的模糊背景。那个时代普通人的生活、行为、思想，早已湮没在历史的喧嚣之中。

支谦便生活于这个时代。他的祖父从月氏迁居中原，以经商为业。作为出身商人家庭的外国侨民，支谦的生活更是一个巨大的谜。他的长相和声音、他的家庭和习惯，不可能进入史家的视野。由于家庭的传统，支谦很可能生来便是一位虔诚的佛教徒。青少年时，他亲近洛阳教团，获得了关于佛教最初的知识。他原本很有可能像他的绝大多数族人一样，成为一位有信仰的商人，怀着对诸佛菩萨的绝对信仰，穿梭于风沙漫天的丝绸之路，承受孤独和危险，享受财富与欢愉。商旅之余，他会虔诚地诵读佛经，祈求现世的平安和来生的幸福。也可能，他会跟随极少数族人的脚步，剃度出家成为一位庄严的僧人，在族人中间宣说佛法、主持法会，给予他们超越的慰藉。

因缘最终牵引聪慧的支谦成为一位佛经翻译家。为躲避战乱，他辗转半个中国，由洛阳到达建业，从此便将自己后半生的心血全部投入到佛经翻译和佛教传播之中。在他的身后，江东佛教盛极一时，“南朝四百八十寺”的盛景终于出现在他曾经洒下汗水和心血的江南之地。

支谦是那一个时代的缩影。许多虔诚的佛教徒，或有名、或无名，都郑重地为他们心中的净土奉献了一生。他们的精神从来不曾远去,庄严的佛国永远存在于他们的心中。

本书旨在介绍支谦生平及贡献,希望通过对支谦经历的讲述,有助于读者对佛教在中国传播的早期形成有一个大致的印象。

第一章　支谦与两汉三国时期的佛教

考察一个人的思想，必须历史地看待他。为了更为全面地介绍支谦思想的发展过程，我们必须将他放在大历史的背景之下，加以同情之理解。本章先简要介绍佛教在中国发展的大致脉络，方便读者了解支谦生活时代在整个中国佛教发展史中的地位和作用。

第一节　佛教东传

一、中国佛教的分期

目前，学界一般按时间顺序将中国佛教发展史分为汉魏两晋南北朝佛教、隋唐佛教、宋元明清佛教、近现代佛教四个部分。

汉至南北朝，是佛教在中国发展的起步阶段，这一时期佛教发展相对比较缓慢。汉代三国佛教的主要活动是译经，最初的汉文经典在这个时期被译出。到隋唐之前，中国佛教发展中起到关键性作用的经典基本已经翻译齐备，为隋唐佛教的兴盛做好了基础经典准备。这一时期，佛教也开始了最初的中国化进程，少量的汉族人开始信仰佛教，在中原及江南地区，已经有一定数量的佛寺、佛塔建成，佛教逐渐地由宫廷传播至士大夫阶层。西晋时，佛教进一步从士大夫阶层向普通民众中间渗透、传播。东晋时，佛教发展出有明显中国文化色彩的研究般若学的“六家七宗”，形成以佛图澄、道安、慧远等高僧为中心的僧团，为其后佛教的发展奠定坚实的思想和组织基础。南北朝时期，随着各类经典的大量译出，出现专攻某一经论的风气，不同的经师、论师基于对经论的理解形成不同学派，南朝以涅槃师、三论师、成实师为盛，北朝则盛行涅槃师、毗昙师、成实师、地论师、摄论师，不同学派各立门户，相互论辩，佛教正式走上中国化的道路。

隋唐时代是中国佛教的鼎盛时期。随着政治统一、经济发展、文化融合，佛教也由诸学派分立的局面日趋求同。此时的佛教在中华大地上如日中天，从皇室贵族以至引车卖浆者流，无不信仰佛教，此时高僧辈出，各种各样的经典被以中国式思维方式加以诠释，南北朝的诸学派进化成为宗派佛教，出现了天台宗、三论宗、唯识宗、律宗、华严宗、密宗、净土宗、禅宗等宗派。佛教的中国化进程在这一时期完成并达到顶峰。虽然儒家学者以“华夷之辨”的名义对佛教的排斥始终没有停止，但实际上隋唐思想史上最为耀眼的成就几乎全是佛教所创造，隋唐时的儒家在理论上并无突破性的建树，外来的佛教自此成为中国文化不可或缺一部分，影响着以后中国思想史发展的方向和轨迹。在隋唐佛教的八大宗派之中，三论宗和唯识宗的基本理论比较严格地延续了大乘佛教的中观学派和瑜伽行派，理论创造不多。而天台宗、华严宗和禅宗则是完全中国化的佛教宗派，体现了中国僧侣的理论创见和哲学思辨水平。

唐代以后，佛教日渐势微，走向没落。宋元明清时代，主要是禅宗和净土宗在广大民间流传，宗派的界限越来越模糊，佛教学者虽然仍以某宗相标榜，但实际上一般是实践了各宗思想的融合。不仅是教内宗派融合，佛教越来越倾向于调和儒、道思想，呈现出越来越明显的世俗化乃至民俗化的面貌，许多佛教观念渗透至普通百姓的日常生活之中，成为民众社会生活的重要组成部分。但从另外一个角度上看，可以说，佛教通过对宋明理学本体论思维方式的影响，以一种隐身的姿态继续发挥着不可替代的作用。

近现代以来，随着佛教自身的进一步衰落和西方文明的传入，佛教与一切中国传统思想一样，面临着现代西方思想的冲击和挑战，生存空间越来越小，佛教不得不面对自传入中国以来最大的生存危机。基于此种现象，近代以来，佛教界内部的注意力转向适应时代、力求变革的超越阶段。实际上，时至当下，这个变革的过程仍然在路上。我们期待着，佛教能够焕发青春，以一种全新的、现代的面貌对今后中国起到它应有的作用。

二、佛教东传的时间

佛教究竟何时传入中土，存在着许多不同的说法。汤用彤先生在《汉魏两晋南北朝佛教史》中，列出十种不大可信和几种大致可信的说法。比较多的说法有以下几种。一说，三代之前已知佛教。[①]一说，周代时佛教已经传入中国。[②]以上两种说法在两晋南北朝时很盛行，可能是与当时的佛道斗争有一定关系，所以可信度并不十分高。一说，孔子已知佛教，[③]佛教史籍常引《列子·仲尼篇》的记载证明此观点，但《列子》一书本身的成书年代就有疑问，而且孔子所说的“圣”是不是就一定是佛陀呢？况且，已知佛教和佛教传入也是两回事，此说亦不可靠。一说，阿育王时代佛教传入中土。此说在中国佛教史上影响深远，汤用彤先生认为此说为虚构。[④]一说，秦始皇时有外国僧众来华，此说亦流传甚广，但没有史料证实，可能亦是伪说。[⑤]一说，刘向发现佛经。其实在刘向生活的时代，印度也不存在成文的佛经，那么刘向发现佛经就是无稽之谈。一说，汉武帝时已知佛教。从现有史料看，这一说法虽缺乏信史根据，但汉武帝时中央政权与西域的交往已经频繁起来，张骞出使西域，在佛教盛行的大月氏停留一年多，张骞知道佛教并且作为西域见闻向朝廷报告，应该是可信的。

佛教的确切传入时间不可考，但是一般认为的两汉之交传入中土之说，应与史实基本相符。现今的学界一般以汉哀帝元寿元年（公元前2年）博士弟子景庐受大月氏王使伊存口授《浮屠经》为佛教正式传入中土的标志。伊存口授佛经之事，最早见于《三国志·魏书·乌丸鲜卑东夷传》篇末注中所引鱼豢所著《魏略·西戎传》的记载。无论是从情理，还是文献证据来看，这个说法应该是可靠的。

---

① 《山海经·海内经》：“东海之内，北海之隅，有国名朝鲜、天毒，其人水居，偎人爱之。”

② 《魏书·释老志》：“释迦生时，当周庄王九年。《春秋》鲁庄公七年夏四月，恒星不见，夜明，是也。”

③ 《列子·仲尼篇》：“孔子曰：西方之人，有圣者焉，不治而不乱，不言而自信，不化而自行，荡荡乎民无能名焉。丘疑其为圣，弗知真为圣欤?真不圣欤?”

④ 《魏书·释老志》中说，释迦牟尼涅槃后百年，“有王阿育，以神力分佛舍利，役使鬼神造八万四千塔，布于世界，皆同日而就。今洛阳、彭城、姑藏、临淄皆有阿育王寺，盖承其遗迹焉”。曾涉足中土，当然谈不到送舍利建塔了。汤用彤先生认为：“魏晋佛塔，或原系中土建筑。掘出基墉，认为古塔，原无足怪。……地下枯骨，所在皆有，不必即其所传故事，尽属虚构也。”

⑤ 隋费长房《历代三宝纪》：“始皇时，有诸沙门释利防等十八贤者，赍经来化，始皇弗从，遂禁利防等。夜有金刚丈六人来破狱，出之。始皇惊怖，稽首谢焉。”

三、佛教东传的路线

佛教传入中国的路线，一般认为有两条，即西域陆路的传入和南方海路的传入。最近有些学者认为南方还存在陆路传入的路线。这样算来，佛教传入中土便有三条路线。

基于古代史籍的记载，自古以来的佛教史大都强调佛教由西域传入中土。[①]由于西域的东亚各国人口稀少，不足以支持佛教寺院的存在，佛教遂继续向东传入人口密集、经济较为发达的汉地，生根发芽。

由西域传入中土的路径分南北两路，北路指沿天山北麓的西域各国通向内地的路线。北路自东向北，由敦煌出发，至玉门关再折向北，经伊吾（今新疆哈密），西行至高昌（今新疆吐鲁番）；或从敦煌西行至楼兰（今新疆罗布淖尔西北）再北折至高昌。自高昌西行，经焉夷（今新疆焉耆）、龟兹（今新疆库车）、疏勒（今新疆喀什），越葱岭至于大宛（今乌兹别克斯坦费尔干纳）、康居（今了阿姆河以北，咸海和巴尔喀什湖之间的大片地区，包括乌兹别克斯坦、塔吉克斯坦以及吉尔吉斯斯坦、哈萨克斯坦的部分地区）等国。往西南，至大月支、罽宾等国，到达中土。龟兹是这一路的中心。鸠摩罗什就是沿这条路进入中土。后来唐代玄奘法师也是沿这条路去往印度学习的。南线指佛教沿天山南麓进入中土的商路的路线。南路也是自东向西，从敦煌出发，西行到鄯善（今新疆若羌），沿沙漠南缘、昆仑山北麓行进，过于阗（今新疆和田），再折向西北方向的莎车，越过葱岭，由此往西可至大月支、安息（今伊朗）等国，往南可入罽宾国（今克什米尔）及天竺境内。这一路的中心是于阗。汉末三国时期很多西域僧人就是通过这条路进入中土的，如安息的安世高、大月支的支娄迦谶、天竺僧昙柯迎罗、康僧铠、鸠摩罗什等人都是沿着这条道路进入中土的。中土西行求法高僧也多走这条路线，法显便是过鄯善，北折至焉夷，再往南穿过大沙漠，到达于阗。

比较早提出佛教由海路传入中国的学者是梁启超。[②]随着当代（特别

① 关于佛教由西域传入的情况，主要参考杨维中的研究与考证。参见赖永海主编：《中国佛教通史》（第一卷），第92—97页。

② 梁启超在《佛教之初输入》《佛教与西域》《又佛教与西域》三篇文章中对佛教在西域诸国的传播、发展情况进行考证，否定了西域陆路传入说，提出佛教由海路传入说。

是近二十年来）考古学的发展，考古学界和中国艺术史学界不断有学者提出在佛教传入汉地的问题上，海路的重要性优于丝绸之路。

佛教传入中土的海路一般指的是"海上丝绸之路"，大多数学者将海上丝绸之路开辟的时间确定为西汉中晚期和东汉。[①]阿拉伯人为了开展与汉朝的丝绸贸易，便横穿印度洋，开辟了海上丝绸之路。后来，中国通过南海与之交往频繁。[②]随着外国使节和商人的到来，佛教也从这一路径传入中国。尤其是三国、东亚以后，由海路来华的僧人逐渐增多。这条海上路线是从天竺出发，经由师子国（今斯里兰卡）、耶婆提国（今苏门答腊和爪哇一带）、南中国海，到达交趾（今属越南）、广东等地上岸。求那跋陀罗、真谛、求那跋摩等人就是由此路来华。法显求法回国也由此路，本打算在广州登陆，但遇风浪漂至牢山（今山东崂山）上岸。

也有学者主张佛教是从南方陆路路线传入的，即中国南部的四川进入中原。这个南方陆路线路分三条。南线线路是从四川南面经今缅甸、云南一线，通过滇缅道入川。传入的北线线路主要依靠四川北部的甘青道，从益州（今成都）出发，沿泯江北上，到今天青海的格尔木，再往西到鄯善，继续西进于阗，走上传统的丝绸之路。往东出川的通道是褒斜道和金牛道，即所谓的古栈道。[③]这一观点的依据是《史记》和《汉书》的记载。[④]川滇缅之间的通道可能在张骞出使大夏之前已以民间形式开通，但迟至

① 参见吴廷、郑彭年：《佛教海上传入中国之研究》，《历史研究》1995年第2期。

② 《后汉书·西域传》记载，"大秦国……与安息、天竺交市于海中，利有十倍。其人质直，市无二价。……其王常欲通使于汉，而安息欲以汉缯采与之交市，故遮阂不得自达。"见《后汉书》卷八八，第2912—2920页。《后汉书·西域传》："至桓帝延熹九年，大秦王安敦遣使自日南徼外献象牙、犀角、玳瑁，始乃通焉。"见《后汉书》卷八八，第2920页。《汉书·地理志》："自日南障塞、徐闻、合浦船行可五月，有都元国；又船行可四月，有邑卢没国；又船行可二十余日，有湛离国；步行可十余日，有夫甘都卢国。自夫甘都卢国船行可二月余，有黄支国，民俗略与珠崖相类。其州广大，户口多，多异物，自武帝以来皆献见。有译长，属黄门，与应募者俱入海市明珠、璧流离、奇石异物，赍黄金杂缯而往。所至国皆禀食为耦，蛮夷贾船，转送致之。亦利交易，剽杀人。又苦逢风波溺死，不者数年来还。大珠至围二寸以下。平帝元始中，王莽辅政，欲耀威德，厚遗黄支王，令遣使献生犀牛。自黄支船行可八月，到皮宗；船行可二月，到日南、象林界云。黄支之南，有已程不国，汉之译使自此还矣。"见《汉书》卷二八下，第1671页。

③ 参见南京博物院：《佛教初传南方之路文物图录》，北京：文物出版社，1993年。

④ 《史记·西南夷列传》："及元狩元年，博望侯张骞使大夏来，言居大夏时见蜀布、邛竹杖，便问所从来。曰：从东南身毒国，可数千里，得蜀贾人市。或闻邛西可二千里有身毒国。骞因盛言大夏在汉西南，慕中国，患匈奴隔其道，诚通蜀，身毒国道便近，有利无害。于是天子乃令王然于、柏始昌、吕越人等使，间出西南夷，指求身毒国。至滇，滇王尝羌乃留，为求道四十余辈。岁余，皆闭昆明，莫能通身毒国。"见《史记》卷一一六，第2995—2996页。

东汉年间西域地方政权才与汉王朝建立正式的联系。此路才被官方认可。[1]近年来的考古发掘发现四川彭山陶座佛像(图1)和什邡佛塔画像砖(图2)等佛教遗迹,这些证据说明四川很早就有佛教活动,因而我们不能排除佛教由四川传入的可能。

图1　四川彭山东汉晚期墓出土佛饰陶座

图2　四川什邡出土汉末三国时期的佛塔画像砖

① 参见吴焯:《张骞指求的身毒国应该是哪些路线》,《南亚研究》1998年第1期。

第二节　作为背景的汉代三国佛教

支谦生活在汉末三国时期，在他生活的时代，佛教在中国已经有了初步发展。本节概括介绍支谦时代的佛教发展的基本状况，方便读者了解支谦思想发展的具体历史和思想背景。

一、汉代佛教发展情况

佛教于汉代传入中国之后，最早在宫廷中流行。

东汉楚王刘英是信史所记最早信奉佛教的上层人物。楚王英，光武帝之子，孝明帝之弟，母许氏。建武十五年（公元39年），受封为楚公；建武十七年（公元41年），晋升楚王。孝明帝为太子时，特加亲爱。孝明帝即位后数受赏赐。建武二十八年（公元52年），刘英赴楚国就任楚王。《后汉书·楚王英传》记载了刘英信仰佛教的具体史实。刘英"少时好游侠，交通宾客，晚节更喜黄老，学为浮屠斋戒祭祀"。永平八年（公元65年），朝廷诏令天下死罪者可以赎罪之际，刘英令郎中奉黄缣白纨三十匹诣国相曰："托在蕃辅，过恶累积，欢喜大恩，奉送缣帛，以赎愆罪。"国相上奏朝廷，明帝下诏说："楚王诵黄老之微言，尚浮屠之仁祠，洁斋三月，与神为誓，何嫌何疑，当有悔吝？其还赎以助伊蒲塞桑门之盛馔。"由此我们可以明确得知，佛陀在当时被当作与黄老一样的神仙来供奉，且已经有桑门（即沙门）和伊蒲塞（即优婆塞——居士）在楚国也就是彭城一带生活。明帝向沙门和优婆塞转赠刘英的贡品，以资其用，说明明帝本人也对佛教抱以宽容和支持的态度。

明帝也曾在永平年间因梦感而派使求法。晋代以后的文献中，常常将此作为佛法传入中土的开始。求法之事，最早见于《四十二章经序》，[①]

① 《出三藏记集·四十二章经序》："昔汉孝明皇帝，夜梦见神人，身体有金色，项有日光，飞在殿前，意中欣然，甚悦之。明日问群臣：此为何神也？有通人傅毅曰：臣闻天竺有得道者，号曰佛，轻举能飞，殆将其神也。于是上悟，即遣使者张骞、羽林中郎将秦景、博士弟子王遵等十二人，至大月支国，写取佛经《四十二章》，在第十四石函中，登起立塔寺。于是道法流布，处处修立佛寺。远人伏化，愿为臣妾者，不可称数，国内清宁。含识之类，蒙恩受一赖，于今不绝也。"见《大正藏》第55册，第5页下。

其后的《理惑论》则在情节上有进一步的发展。永平求法自大月氏求来《四十二章经》,由竺摩腾、竺法兰在洛阳共同译为汉文,后来为了供奉此经和传法方便,修建了佛塔和佛寺,当时所建的佛寺据说就是白马寺。

关于汉明帝求法之事,古代史籍记载不一,异说纷呈,因而引起现代佛教史家的怀疑。但笔者认为汤用彤先生的说法最为允洽:"求法故事,虽有疑问。但历史上事常附有可疑传说,传说固妄,然事实不必即须根本推翻。""牟子汉末作《理惑论》,上距永平不过百余年。《四十二章经》则桓帝以前亦已译出,《经序》或已早附入,上距永平更近,或且不及百年。此推论若确,则其记载出于佛徒,虽或有虚饰,然不应全属无稽,无中生有也。""凡治史者,就事推证,应有分际,不可作一往论断,以快心目。求法故事虽有可疑,而是否断定全无其事则更当慎重。昔者王仲任著《论衡》,《书虚》、《语增》分为二事。汉明求法之说,毋宁谓语多增饰,不可即断其全属子虚乌有也。"[①]

东汉桓帝刘志是信史记录的中国第一位信奉佛教的皇帝。汉桓帝是东汉第十位皇帝,生于乱世,他在位期间东汉国势已经衰弱不堪。刘志原本崇信道教,他将佛教当作道家神仙来对待。《后汉书·西域传》载:"楚王英始信其术,中国因此颇有奉其道者。后桓帝好神,数祀浮图、老子。"[②]对于汉桓帝同时崇奉黄老及佛的做法,《后汉书·桓帝纪》评价汉桓帝崇佛的做法时指出"饰芳林而考濯龙之宫,设华盖以祠浮图、老子,斯将所谓'听于神'乎!"[③]结合为历来佛学史家重视的东汉襄楷奏疏中,可以看到包括汉桓帝在内的当时人对佛陀及佛教的认知:

> "又闻宫中立黄老、浮屠之祠。此道清虚,贵尚无为,好生恶杀,省欲去奢。今陛下嗜欲不去,杀罚过理,既乘其道,岂获其祚哉!或言老子入夷狄为浮屠。浮屠不三宿桑下,不欲久生恩爱,精之至也。天神遗以好女,浮屠曰:此但革囊盛血。遂不眄之。其守一如此,乃能成道。今陛下淫女艳妇,极天下之丽,甘肥饮美,单天下之味,奈何

① 汤用彤:《汉魏两晋南北朝佛教史》,第36页。

② 《后汉书》卷八八,第2922页。

③ 《后汉书》卷七,第317页。

欲如黄老乎?”[1]

由此可见当时盛行老子化胡之说。时人将佛陀看作老子的化身,对佛教教义更是一无所知,此时的佛教是依附于道教的一种近于“道术”的存在。人们普遍认为佛教只是尚清虚无为、好生恶杀、省欲去奢的黄老道思想的变种。人们将佛陀与老子一同供奉,其目的在于所谓的“听于神”,希望通过佞神而得到平安兴旺。但是皇帝对佛教的信仰还是不自觉地起到了示范作用,佛教在皇帝及其身边的高级官员中慢慢流行,中土产生最初的佛教信仰需求,许多西域的胡僧借机进入中土,佛教正式开始在中土的发展。

东汉时,中土出现了最早的出家修行者。中土最早的出家修行者到底为谁,不同的文献记载不一,现存隋唐时期的文献引用《汉显宗开佛化法本内传》声称汉景帝时已有汉族人出家为僧,但《汉显宗开佛化法本内传》编造痕迹很明显,是南北朝佛道斗争的产物,所以这一说法不足采信。

一般认为,严佛调是第一位出家的汉族人。严佛调,又称严浮调,临淮(今江苏盱眙)人,生卒年不详。僧祐《出三藏记集》卷一三《安玄传》中记载:“佛调,临淮人也。绮年颖悟,敏而好学,信慧自然,遂出家修道。……通译经典,见重于时。世称安侯、都尉、佛调三人传译,号为难继。佛调又撰《十慧》,并传于世。安公称:佛调出经,省而不烦,全本妙巧。”[2]由此可知,严佛调是东汉人,天资聪颖,少年出家 ,生平所作,有二事最要:一是与安世高、安玄合作翻译佛典,二是撰写《沙弥十慧章句》一书。[3]汤用彤先生推测:“其序(笔者案,指见于《祐录》卷一〇中署名为“严阿祇梨浮调所造”的《沙弥十慧章句序》)中又谓‘十慧之文,广弥三界,近观诸身’,则乃禅观之书也。考谢敷《安般守意经序》有‘建十慧以入微’之句,该经世高所出,中有十黠,谓数息、相随、止、观、还、净、四谛也。十慧似即十黠。浮调所撰,即在申明世高之遗旨。”[4]也就是说,严佛调在译经的同时,已经开始编撰与佛教教义相关的著作,这是开风气之先的创举。

---

① 《后汉书》卷三〇,第1082页。
② 《出三藏记集》卷一三,《大正藏》第55册,第96页上。
③ 《出三藏记集》卷六,《大正藏》第55册,第46页下。
④ 汤用彤:《汉魏南北朝佛教史》,第47页。

关于严佛调出家人的身份,《释氏稽古略》不予承认,而认为最早的汉族僧人当是后来的朱士行。《历代三宝纪》也认为严佛调不具备僧人的条件,仍为“清净士”,即在家的居士,其缘由概为当时戒律未备,严佛调受戒不全,不具备比丘的资格。[①]但汤用彤先生坚持认为,“然古时译经,仅由口授,译人类用胡言,笔受者译为汉言,笔之于纸,故笔受者须通胡语。浮调时人称为善译,则或擅长胡语,巧于传译,而为中华译经助手之最早者。夫调能译,且以佛理著书,又为发心出家之最早者,则严氏者,真中国佛教徒之第一人矣”[②]。笔者比较倾向于接受汤先生的观点,认为严佛调则中土出家第一人。

东汉时,佛寺造像也已出现。在汉末佛教史中,笮融奉佛建寺造像是很重要的标志性事件。笮融(公元?—195年),东汉末年丹阳(今属安徽宣城)人,字伟明,以好施名闻乡里。据《三国志·吴志·刘繇传》记载,“笮融者,丹杨人。初聚众数百,往依徐州牧陶谦。谦使督广陵、彭城运漕,遂放纵擅杀,坐断三郡委输以自入。乃大起浮图祠,以铜为人,黄金涂身,衣以锦采,垂铜九重,下为重楼阁道,可容三千余人,悉课读佛经,令界内及旁郡人有好佛者听受道,复其他役以招致之,由此远近前后至者五千余人户。每浴佛,多设酒饭,布席于路,经数十里,民人来观及就食且万人,费以巨亿计”。[③]也就是说,笮融为人好杀,为了一己之野心,以信佛免除劳役的方法招徕民户,一时势力大增。陶谦亡后,投靠彭城相薛礼,后兵败为民所杀。笮融以佛教吸引游民之事,古人对此讨论颇多。《弘明集》卷一收《正诬论》一文,就是时人对此事的辩难。诬方力图以笮融事佛不免兵败身死来抨击佛教,说明信佛并无用处。而正方则竭力说明笮融覆灭恰恰是因为他“诸戒尽犯”,不是真正地信奉佛教,其覆灭“适足助明为恶之获殃耳”,恰恰说明佛教因果报应的理论是正确的。[④]

我们不讨论笮融信仰的真诚与否,仍从佛教史的角度解读《三国

---

① 《大明三藏法数》卷十一:“梵语优婆塞,华言清净士。虽在家,能持五戒,清净自守。又云近事男,谓能持戒,可亲近承事诸佛法,故名优婆塞。”《永乐北藏》第181册,第797页中。

② 汤用彤:《汉魏南北朝佛教史》,第46页。

③ 《三国志》卷四九,《吴书四·刘繇传》,第1185页。

④ 《弘明集》卷一,《大正藏》第55册,第8页下。

志·吴志·刘繇传》我们可以得出以下两个重要结论：

首先，笮融所建的佛寺具备佛塔、佛堂和佛像这三个佛寺建筑的基本要素，且规模宏大，富丽堂皇。这座佛寺和其中的佛像是正史详细叙述的第一座大规模佛寺和正式造像。其次，笮融所组织的佛教团体组织已经能够组织起大量信众诵读佛经，有正式僧人宣说佛法，能组织三千人以上规模的大型讲法活动。佛寺已经开始举办"浴佛"这样正式的法会活动，"多设酒饭、布席于路，经数十里，民人来观及就食且万人，费以巨亿计"，这样的活动类似于无遮大会，这段记述恐不免夸大，但其影响巨大当无疑问，否则史家也不会如此详细记叙。总之，通过笮融的行为，不难看出当时的江淮以南地区，佛教已经得到相当程度的发展，信众日繁，声势逐渐壮大(图3)。

图3　江苏吴江出土六朝早期青瓷堆塑罐

汉代时，中土已经出现佛教发展的中心。东汉时期，北方佛教的中心是长安和洛阳，长安是中土最早出现的佛教中心，最为重要的是洛阳。汉桓帝、灵帝以来，有安世高、支谶、竺佛朔等在洛阳翻译佛经。东汉末，彭城、交趾也相继成为佛教在江淮及江淮以南地区的重要据点。

汉代时，佛教在中土的主要活动是译经。汉代佛教译经的主体是西域以及天竺僧人。据现存最早的经录《出三藏记集》记载，从汉桓帝到汉献帝四十余年，共译出佛典五十四部、七十四卷，僧祐在卷二集中叙述了六位译者。而《开元释教录》勘定为一百九十二部、三百九十五卷，译者十二人，翻译地点大多在洛阳。此数不包括"失译经"，即不知译者的佛经。道安、僧祐已列《失译录》，但未分朝代，隋代费长房《历代三宝纪》开始断代记载失译经。据此，东汉失译佛经一百二十五部、一百四十八卷，《大唐内典录》所记与此相同，并说明存者只有二十五卷，其余皆佚。《古今译经图记》记载东汉失译经共一百二十三部、一百四十八卷。《开元释教录》则载有一百四十一部、一百五十八卷，存者十九部、二十九卷，其余皆佚。这些经典以小乘经典和部分大乘空宗的经典为主，经典的译出为以后佛教的发展提供了必须的文献条件。

二、三国佛教发展状况

三国佛教，包括公元220—265年间魏、蜀、吴三国的佛教。在中国佛教发展史中，三国佛教是极易被忽视的一个阶段。但三国时期佛教又是中国佛教发展史中一个承上启下的转折期，是中国佛教发展史上不应被忽视的一个重要时期。

宋代志磐法师在《佛祖统纪》中对三国佛教有一个概括性评价："三国之时，各务战守，而于此道未之能弘。然吴之君臣稍有知者，故建寺、译经、奉舍利、论佛教班班可见。魏之境独陈思王能知之。蜀则蔑闻，意战国遐阻未便能至耳。"[①]可见，汉末三国时期由于战乱频仍，佛教的发展受到了很大的限制。仅有吴地佛教有了初步的发展，吴国佛教的主要活动包括建寺、译经、供奉舍得、士大夫阶层开始讨论佛教义理等等。在魏国

① 《佛祖统纪》，《大正藏》第49册，第331页下—332页上。

引起了以曹植为代表的上层的关注，曹植可能对佛教有比较深刻的了解，而在蜀国佛教则基本没有什么进展。这一说法是从佛教立场出发的观点，不免有要求过于严格之虞。客观地看，三国时期的佛教，在汉末的基础上有较大的发展。特别是江东的吴国和北方的魏国，发展更为明显(图4)。吴据江南，建都建业，佛教有了很大发展。魏继东汉，建都洛阳，一切文化都承后汉余绪，魏代的佛教是东汉佛教的延续和发展(图5)。

图4　三国魏晋时期的三角缘佛兽铜镜

图5　四川什邡出土汉末三国时期的佛塔画像砖拓片

由于三国佛教史料存留至今的相关文献非常有限，这使得对这一时期佛教发展具体情况的梳理变得极为困难（这也是支谦研究极为困难的最主要原因）。

史料留存过少主要有三方面原因：第一，三国时代战乱不断，社会动荡，资料的收集、整理、保存十分困难；第二，刚刚开始产生影响的佛教力量过于弱小，发展极不充分，不能引起传统的中国史学家的关注，进入正统历史的写作；第三，这一时期中土的佛教信仰者仍然以外国侨民及与他们信仰需求密切关联的外国僧人为主，他们没有中国人自古以来的史学传统，疏于对佛教历史的整理和保存。

不过，通过对各种史料的认真梳理，我们还是勾勒出了三国佛教的大致轮廓。三国时期佛教发展有以下几个标示性现象：

三国之前的佛教只是狭窄地流传于宫廷之中，世人对佛陀认知停留于“神仙”的层次，此时有零星的佛典译出，绝大多数人对佛教教义的知识是零。三国以后，佛教开始进入到中国知识分子的日常生活，成为儒、道以外，中国知识分子思索的对象，进而成为中国思想的组成部分。也是从三国时期开始，佛教进入了普通百姓的日常生活，逐渐对普通中国人的生活产生了具体的影响，佛教开始了民俗化的过程，直到明清时代，成为中国社会生活不可或缺的组成部分。

三国时期佛寺、佛塔在中国更为广泛的地区建立起来。作为佛教发展的基本物质条件，佛寺、佛塔的兴建是佛教发展的重要标志之一（图6）。《魏书·释老志》记载：“自洛中构白马寺，盛饰佛图，画迹甚妙，为四方式。凡宫塔制度，犹依天竺旧状而重构之，从一级至三、五、七、九。世人相承，谓之浮图，或云佛图。晋世，洛中佛图有四十二所矣。”[①]自汉末始，至西晋时，洛阳已经有四十二所佛寺，这其中一定不乏曹魏时期修建的佛寺。《高僧传·康僧会传》中记录了建业第一座佛寺——建初寺兴建的过程。建初寺也是江南第一座佛寺，此后的“南朝四百八十寺”由此肇始（图7）。“时吴地初染大法，风化未全。僧会欲使道振江左，兴立图寺，乃杖锡东游。以吴赤乌十年初，达建邺，营立茅茨，设像行道。时吴国以初见沙

① 《魏书》卷一一四，第3029页。

图6　南京东吴墓出土堆塑罐上贴塑的佛寺建筑形象

图7　南京东吴凤凰二年墓出土堆塑罐上贴塑的小佛像

门，睹形未及其道，疑为矫异。”有司上奏孙权，康僧会“乃共洁斋静室，以铜瓶加几，烧香礼请”三七日，求得舍利。舍利“五色光炎，照耀瓶上。权自手执瓶，泻于铜盘。舍利所冲，盘即破碎。权大肃然，惊起而曰：‘希有之瑞也。’会进而言曰：‘舍利威神，岂直光相而已。乃劫烧之火不能焚，金刚之杵不能碎。’权命令试之，会更誓曰：‘法云方被，苍生仰泽。愿更垂神迹，以广示威灵。’乃置舍利于铁砧碓上，使力者击之，于是砧碓俱陷，舍利无损。权大叹服，即为建塔。以始有佛寺，故号建初寺，因名其地为佛陀里。由是江左大法遂兴”。[①]

戒律在三国时正式传入，这对中国佛教制度的完善具有重要意义。据《高僧传》记载，将正式戒律传入中土的第一人是中天竺的昙柯迦罗（音译“法云”）。《高僧传·昙柯迦罗传》记录了昙柯迦罗的生平：“迦罗幼而才悟，质像过人，读书一览，皆文义通畅，善学四围陀论，风云星宿，图谶运变，莫不赅综。自言：天下文理，毕己心腹。至年二十五，入一僧坊，遇见法胜《毗昙》，聊取览之，茫然不解，殷勤重省，更增昏漠。乃叹曰：吾积学多年，浪志坟典，游刃经籍，义不再思，文无重览，今睹佛书，顿出情外，必当理致钩深，别有精要。于是赍卷入房，请一比丘略为解释，遂深悟因果，妙达三世，始知佛教宏旷，俗书所不能及，乃弃舍世荣，出家精苦。”[②]可见昙柯迦罗原本信奉婆罗门教，后来为《阿毗昙心论》中的精深佛法折服，改信佛教，他刻苦精进，长于律学。《昙柯迦罗传》接着描述了昙柯迦罗来华翻译菩萨戒本，如法传戒的事迹：

> “以魏嘉平中，来至洛阳。于时魏境虽有佛法，而道风讹替，亦有众僧，未禀归戒，正以剪落殊俗耳。设复斋忏，事法祠祀。逝罗既至，大行佛法。时有诸僧共请迪罗译出戒律，遬罗以律部曲制，文言繁广，佛教未昌，必不承用，乃译出《僧祇戒心》，止备朝夕。更请梵僧立揭磨法受戒，中夏戒律，始自于此。”[③]

《历代三宝纪》《大唐内典录》《开元释教录》均称《僧祇戒心》为《僧祇戒本》，“戒心”是“核心”的意思，是大众部戒律《摩诃僧祇律》的核心部分。

在昙柯迦罗之后，安息国沙门昙谛（即法实），亦擅长律学，于魏高贵乡公正元元年（公元254年）来到洛阳，在白马寺译出《昙无德羯磨》，《昙无德羯磨》原出于昙无德部的广律即《四分律》。

三国时代初传的律学，对后来中国佛教制度的完善起到重要的奠基作用。唐代律宗将昙柯迦罗奉为第二祖，正是为了纪念他对中国佛教制

---

① 《高僧传》卷一，《大正藏》第50卷.第325页中、下。关于建初寺的建造的时间有二说：一是赤乌四年（公元241年），二是赤乌十年（公元247年）。现代学者大多采信后说。

② 《高僧传》卷一，《大正藏》第50册，第324页中。

③ 《高僧传》卷一，《大正藏》第50册，第324页下。

度完善开创性贡献。律宗独尊《四分》，昙谛的初译本亦有开创之功。

三国时魏国出现了第一位如法受戒的汉族比丘朱士行（如前文所述，严佛调由于受戒不全，其比丘身份是受到质疑的）。朱士行的生平，《出三藏记集》和《高僧传》都有记述。朱士行是颍川（今河南禹州）人，史籍没有明确记录他的出家时间。朱士行接受的是大乘般若学，"昔汉灵之时，竺佛朔译出《道行经》，即小品之旧本也。文句简略，意义未周。士行尝于洛阳讲《道行经》，觉文章隐质，诸未尽善"。因而发心西行于阗求《道行》梵文正经，他的西行求法时间一般认为是在甘露五年（公元260年）。但朱士行到达于阗以后，发展当地流行的是小乘佛学，对大乘经典持反对态度，朱士行于是"烧经为证"，取得于阗国王和民众的认可之后，于太康三年（公元282年），遣弟子弗如檀送经本至洛阳，"住三年，复至许昌二年，后至陈留界仓垣水南寺"。此时朱士行已在于阗圆寂，世寿八十。

三国时，大乘般若学经典传入中土。朱士行师徒的努力丰富了汉文经典的数量，送回的梵文经典于元康元年（公元291年）由竺叔兰等译出，即《放光般若》，有二十章，九十品，这是大品般若的译本。后来，《放光般若经》逐渐代替小品般若的译本《道行般若经》（支谶译）和《大明度经》（支谦译），在中土流行对中国化的大乘佛教的发展起到重要的开创性作用。朱士行带回的梵文抄本一直到慧皎时代还能见到，慧皎说"皮牒故本，今在豫章"[①]。

较之汉代，三国时期对佛教教义的理解有了长足的进步。小乘佛教（主要由安世高一系僧侣及其中国助手翻译和传播）和大乘佛教般若系（主要由支娄迦谶一系僧侣及其中国助手翻译和传播）的重要经典已经有相当数量的汉文经典译出和传播，时人对佛教义理的理解已经相当深入。《魏书·释老志》对当时流传的佛经及佛教思想有一个简要而准确的评价："凡其经旨，大抵言生生之类，皆因行业而起。有过去、当今、未来，历三世，识神常不灭。凡为善恶，必有报应。渐积胜业，陶冶粗鄙，经无数形，澡练神明，乃致无生而得佛道。其间阶次心行，等级非一，皆缘浅以至深，藉微而为著。率在于积仁顺，蠲嗜欲，习虚静而成通照也。故其始修

① 《高僧传》卷四，《大正藏》第50册，第346页下。

心则依佛法僧，谓之三归，若君子之三畏也。又有五戒，去杀、盗、淫、妄言、饮酒，大意与仁、义、礼、智、信同，名为异耳。云奉持之，则生天人胜处，亏犯则坠鬼畜诸苦。又善恶生处，凡有六道焉。”[①]可见佛教的基础知识在当时的信仰者中已经基本普及，时人用儒家的观念来比附、解释佛教教义，使传统中国人更容易理解和接受佛教。这是佛教中国化的第一步。

就是在这样的环境下，支谦出现在中国佛教发展史上。

① 《魏书》卷一一四，3026页。

第二章　支谦生平及学行

支谦的经历是他能够成为著名佛经翻译家的基础。本章着重介绍支谦的生平和深造,希望通过对文献的梳理,弄清支谦身世中几个长久以来没有被说清的问题,帮助读者对支谦生平有一个全面而相对准确的认识。另外,也希望以支谦的生活轨迹为线索,帮助读者对汉末三国时代佛教的发展情况形成一个整体的印象。

第一节　支谦生平

关于支谦的生平,一般的材料都介绍说:支谦,字恭明,又名越,时人亦呼"支郎",大月氏人,三国时期著名的居士译经家,具体生卒日期不详。支谦与其师支亮、师祖支谶并号"三支"。时人称之曰:"天下博知,无出三支"。这个介绍概括而笼统,不能丰满地展示出支谦的生平。造成这个遗憾的主要原因是目前可见的有关支谦生平的资料非常少。本节旨在综合目前能够见到的与支谦有关的史料,大致勾勒出支谦的生平。

有关支谦生平的早期资料主要有三种:一是《出三藏记集》卷七收录的支敏度所撰《合首楞严经记》。二是《出三藏记集》卷一三《支谦传》。三是《高僧传》的记录。由于支谦只是一位在家的居士,《高僧传》中并没有单独为他写传,他的传记附于《高僧传》卷一所录的《康僧会传》中。其他的佛教史文献中对支谦生平的记录基本都是从这三种本子中摘抄出来。

我们对支谦生平的考查主要以上述三个文献为基础。这三个文献的记载大同小异,其中早而比较全面的记录是梁僧祐《出三藏记集》第十三卷的《支谦传》,现将其全文抄出:

支谦，字恭明，一名越，大月支人也。祖父法度，以汉灵帝世率国人数百归化，拜率善中郎将。越年七岁，骑竹马戏于邻家，为狗所啮，胫骨伤碎。邻人欲杀狗取肝傅疮。越曰："天生此物为人守吠，若不往君舍，狗终不见啮，此则失在于我，不关于狗，若杀之得差尚不可为，况于我无益而空招大罪。且畜生无知，岂可理责？"由是村人数十家感其言，悉不复杀生。十岁学书，同时学者皆伏其聪敏。十三学胡书，备通六国语。初桓灵世，支谦译出法典。有支亮纪明资学于谶，谦又受业于亮，博览经籍莫不究练，世间艺术多所综习，其为人细长黑瘦，眼多白而精黄。时人为之语曰："支郎眼中黄，形体虽细是智囊。"其本奉大法精练经旨。献帝之末，汉室大乱，与乡人数十共奔于吴。初发日唯有一被，有一客随之。大寒无被，越呼客共眠。夜将半，客夺其被而去。明旦同侣问被所在，越曰："昨夜为客所夺。"同侣咸曰："何不相告？"答曰："我若告发，乡等必以劫罪罪之，岂宜以一被而杀一人乎？"远近闻者莫不叹服。后吴主孙权闻其博学有才慧，即召见之因问经中深隐之义，应机释难，无疑不析。权大悦，拜为博士，使辅导东宫，甚加宠秩。越以大教虽行而经多胡文莫有解者，既善华戎之语，乃收集众本，译为汉言。从黄武元年至建兴中，所出《维摩诘》《大般泥洹》《法句》《瑞应本起》等二十七经，曲得圣义，辞旨文雅。又依《无量寿》《中本起经》制《赞菩萨连句梵呗》三契。注《了本生死经》，皆行于世。后太子登位，遂隐于穹隘山，不交世务，从竺法兰道人，更练五戒，凡所游从皆沙门而已。后卒于山中，春秋六十。吴主孙亮与众僧书曰："支恭明不救所疾，其业履冲素始终可高。为之恻怆不能已已。"其为时所惜如此。①

全文不过区区六百九十字，而这却已是我们目前能够见到的对支谦身世最为详细、生动的描述。从僧祐的描述中，我们可以大概了解支谦的生平事迹：

支谦是大月氏人，他祖父支法度在汉灵帝时，率数百族人归化汉朝，被封为率善中郎将。支谦自幼就表现出非同一般的慈悲之心，七岁时，他

① 《出三藏记集》，《大正藏》第55卷，第97页中、下。

在邻居家游戏，被狗咬伤胫骨，邻居要杀狗剖肝为他治伤。支谦则说：狗生来就是为人看门的，我若不到您家里玩，它也咬不到我，所以说过失在我，不在狗。杀狗无益于我而白白招来杀生大罪，不可以如此。同村人被年幼的支谦感动，都不再杀生。

支谦十岁开始读书，表现出非凡的聪敏。十三岁起学胡语，通晓六国语言。汉桓灵帝时，支谦译出经典。支谦从学于支谶的弟子支亮，博览群经，又广泛学习各种知识，成为一个知识渊博的学者。

支谦身材瘦高，皮肤黝黑，眼白多，眼珠是黄的。时人都说：支郎眼中黄，形体虽细是智囊。

汉献帝末年，支谦与数十乡人一起到吴国避乱。出发的时候只带了一条被子。天气寒冷，有一同行者没有被子盖，支谦便与他共眠。半夜的时候，这人却夺走这条唯一的被子跑掉了。天亮以后，其他人问支谦被子怎么没有了，支谦说昨晚被人夺走。同行者问他为什么不叫醒大家，支谦说：我如果告诉你们，那么大家一定会以抢劫的罪名惩罚那人，怎么能够因为一条被子杀一个人呢？听说此事的人都很佩服支谦。

孙权听说支谦聪慧博学，便召见支谦询问佛经中的深隐之义，支谦应机释难，无所不解，孙权大为赞赏，拜支谦为博士，令他辅导太子，甚为重视。

支谦认为佛教虽然已经在中华流行，但佛经中的许多外国文句没有解释清楚。他擅长多种语言，便收集各种版本的佛经翻译成汉语。从黄武元年至建兴年间，[①]即公元222年到253年左右，支谦先后译出《维摩诘经》《大般泥洹经》《法句经》《瑞应本起经》等二十七部经典，译辞文雅，并且反映了经典的本义。此外，支谦还根据《无量寿经》《中本起经》创作了《赞菩萨连句梵呗》三契，注《了本生死经》。

孙亮即位以后，支谦隐居于穹隘山，不事俗务，跟随竺法兰，修持五戒，往来只有僧人而已。后来卒于山中，享年六十岁。

当时的吴帝孙亮写信给僧人说：支恭明不医治自己的疾病，而其行为冲淡朴素，始终值得景仰，我为之恻怆，不能自已。

① 《历代三宝记》记支谦译经至建兴二年，即公元253年。见《大正藏》第49册，第37页上。

根据上述文献，我们可以知道支谦生活的大概的年代，得知他是外国侨民的后裔，在中土出生、长大，聪明早慧，因为家族的关系，很小便习得六种西域语言。他性格宽厚慈悲。其译经工作主要在吴国完成。

为更清楚地了解支谦的生平事迹，有几个关键问题需要我们进一步考查厘清：

一、支谦的家族出身

支谦是大月氏人。对于月氏的源流，中外史家看法大相径庭。根据中国史书记载，大约战国初期，大月氏人就在河西走廊西部的张掖至敦煌一带过着游牧生活。秦至汉初，月氏势力强大，与生活于蒙古高原东部的东胡两面夹击匈奴，迫使匈奴送质子于月氏。后来，匈奴质子自月氏逃回，杀父自立为冒顿单于，约在公元前205至202年间打败月氏，月氏人被迫放弃河西走廊向西迁徒至准噶尔盆地。至老上单于时（公元前174—前161年），匈奴又破月氏，月氏更西迁至伊犁河流域。公元前162年，老上单于再破月氏。败亡的月氏人再往西迁，征服大夏，并在当地立国，建国后以中西贸易中转而变得繁荣。

大月氏强盛之后，于公元1世纪后半叶征服安息，侵入印度，在印度建立起贵霜王朝。2世纪前半期，迦腻色迦王掌握政权，统治着阿富汗尼斯坦、西北印度、北印度等地区，这是继阿育王的孔雀王朝之后中印度出现的最大的一个帝国。迦腻色迦王推崇说一切有部，对说一切有部以外的一切教派的发展都严加控制，刚刚在贵霜王国兴起不久的大乘佛教不得不离开贵霜，另谋出路。可以说正是在迦腻色迦王的压制下，大乘佛教以贵霜王朝为中心迅速扩张（图8）。

贵霜王朝处于在横贯欧亚大陆的丝绸之路的枢纽。在佛教输入中土的历史进程中，贵霜王朝的僧人起到了积极作用。大约在汉武帝元朔元年（公元前128年）张骞通西域之后，与汉朝关系日渐密切。许多大月氏人迁居内地，大多以“支”为姓，行商为业。支谦的祖父辈正是在此时迁居中原。如此便不难推断支谦的家族中不乏熟习西域语言的亲属。日后他能够掌握六种西域语言显然与其家庭背景有着密切关系。

月氏佛教与中国佛教渊源深厚。现今学界一般以汉哀帝元寿元年（公

图8　贵霜王朝时期的释迦摩尼像

元前2年)博士弟子景庐受大月氏王使伊存口授《浮屠经》为佛教正式传入中土的标志。[①]汤用彤先生认为最早被正式译作汉语的经典不是《四十二章经》应当是《浮屠经》。《浮屠经》的翻译是目前史籍可见的最早的译经活

① 伊存口授《浮屠经》最早见于《三国志·魏书·乌丸鲜卑东夷传》注中所引的鱼豢所撰《魏略·西戎传》的记载。其文曰:“罽宾国、大夏国、高附国、天竺国皆并属大月氏。临儿国,《浮屠经》云:其国王生浮屠。浮屠,太子也。父曰屑头邪,母曰莫邪。浮屠身服黄色,发青如青丝,乳青毛蛉,蛉赤如铜。始莫邪梦白象而孕,及生,从母左胁出,生而有结,堕地能行七步。此国在天竺城中。天竺又有神人,名沙律。昔汉哀帝元寿元年,博士弟子景卢受大月氏王使伊存口授《浮屠经》,曰复立者,其人也。浮屠所载临蒲塞、桑门、伯闻、疏问、白疏间、比丘、晨门,皆弟子号也。《浮屠》所载与中国《老子经》相出入,盖以为老子西出关,过西域之天竺,教胡。浮屠属弟子别号,合有二十九,不能详载,故略之如此。”“屑头邪”“莫邪”分别是后世通行的净饭王以及摩耶夫人的早期译法。“沙律”即舍利弗尊者。“复立”即佛陀。“临薄塞”即“伊薄塞”,即后世译为“优婆塞”。“桑门”“伯闻”“疏问”“白疏闻”“晨门”后世译为“沙门”。同一名词的不同译法,可能是译本在流传过程中出现不同抄本,从而产生了名称上的歧义。

动。方广锠先生进一步对《浮屠经》的内容做了详细考证。方先生认为《浮屠经》中有相当内容叙述佛陀生平，但其中亦当有叙述佛教教义的内容。[①]东汉、三国时期许多佛教经典翻译家都来大月氏。支谦是其中的佼佼者。

《祐录》中记载支谦的祖父在率族人归汉以后被封为率善中郎将。中郎将是汉朝设立的高级武职，以中郎将出使匈奴始于西汉武帝时期，这时的中郎将比二千石，可拥节，有从事二人，有事时可另行增加。西汉末期时，派中郎将出使匈奴已成为惯例。《后汉书·南匈奴传》记载东汉时设有使匈奴中郎将，亦称匈奴中郎将，主要有持节出使、领护或卫护匈奴等职责，亦有监察匈奴动静的任务。率善中郎将这个官职始见于《三国志·魏书》，是安置外族首领的杂职。[②]汉末三国时期，战事频仍、制度涣散，这个职位具有多少实权很难说，但它毕竟是得到官方认可的少数民族部族首领，所以我们仍然可以认为支谦出身于经济和政治上都有一定地位的家族，这样的家族使得支谦有充分的物质条件接受良好的教育，博览群书，杂通百家。

二、支谦的生卒时间

支谦的具体生卒时间历史上没有明确记载。但通过《祐录》可以大致推测出支谦的生卒时间。《祐录》记载，支谦在孙亮即位以后隐居，从竺法兰与诸沙门交游。支谦去世以后，孙亮有悼亡之书致于僧众。孙亮于公元252—258年在位。孙亮即位时年仅九岁，一个冲龄践祚的孩子大概很难欣赏一个老年居士的“业履冲素”，而孙亮在太平二年（公元257年）亲政，便一直与吴国宗室权臣孙綝（武烈帝孙坚之弟昭义中郎将孙静曾孙，定武中郎将孙暠之孙，安民都尉孙绰之子）进行权力斗争，并最终因失败而于次年为綝所废，当是时，孙亮也不会有心情和闲暇去关心支谦这样一个方外之人的死亡，并“为之恻怆不能已已”。所以说，支谦的去世最有可能在孙亮心志已趋成熟、且尚未亲政而有雅兴、有能力关注幽微思想世界

---

① 参见汤用彤：《汉魏两晋南北朝佛教史》，第36页。方广锠：《〈浮屠经〉考》（修订稿），《法音》1998年第6期。

② 《三国志》卷三十，记倭女王遣使魏国，魏报以诏书，内称“今以难升米为率善中郎将，牛利为率善校尉，假银印青绶，引见劳赐遣还”。又，内蒙古自治区博物馆藏有1956年出土的西晋鲜卑率善中郎将银印，印钮以驼为饰。

的十二三岁，也就是公元255年前后。支谦世寿六十，这样算来，支谦的生活年代便大概应该在公元195—255年前后。这样的推断与汤用彤先生认为的支谦“卒时当在孙亮建兴元年（公元252年）后也”，比较吻合。

三、支谦的主要行迹

《祐录》中的《支谦传》中只记载支谦去吴之前在家乡生活，但其故土何在没有明确记载。同样在《祐录》中记载支敏度直言“越生汉地”。[①]《佛祖统记》记载魏文帝黄初六年（公元225年，笔者认为这个时间记载有误，详见后文考证），“月氏国优婆塞支谦来雒阳。……后避地归吴”[②]。类似的说法也出现在《佛祖历代通载》《释氏稽古略》中。[③]雒阳即洛阳。也就是说，支谦在去吴之前，曾经在洛阳有过一段时间的停留，也很有可能支谦就是在洛阳出生的。这一史料未见其他佐证，但是学界一般认同这一观点。如吕澂先生认为北方玄学的兴起与支谦有直接关系，支谦的思想曾经在北方有过相当程度的传播。[④]汤用彤先生则收录在《祐录》卷七的依道安《了本生死经序》中称“河南支恭明”，认为支谦生于河南，并在洛阳受学于支亮。[⑤]

汉朝的覆灭使得包括支谦在内的很多人纷纷逃离洛阳，去往南方躲避战乱。许理和先生特别指出支谦大约于公元220年转往建业。此说的根据应当是《佛祖统记》记载：“黄初元年，吴主孙权于武昌建昌乐寺。”黄初元年是曹魏纪年，即公元220年。但笔者认为这里可能是许理和先生的疏忽，支谦在转往建业之前，先在武昌停留过一段时间。公元220年应是支谦到达武昌的时间，支谦于吴黄武三年（公元224年）与印度僧人维祇难和竺律炎合作，译出了中国佛教史中极为重要的《法句经》。

吴黄龙元年（公元229年）孙权将都城迁至建业（今江苏南京）。支谦等也随着政治中心的迁移到建业。从此开始了他作为佛经翻译家最为辉煌的时期。

---

① 《出三藏记集》，《大正藏》第55册，第49页上。

② 《佛祖统记》，《大正藏》第49册，第331页中。

③ 《佛教历代通载》，《大正藏》第49册，第515页下、第770页中。

④ 吕澂：《中国佛学源流田略讲》，第2484页。

⑤ 汤用彤：《汉魏两晋南北朝佛教史》，第118页。

与支谦一样，在躲避战乱的北方难民中不乏佛教信仰者，大约在公元3世纪，佛教活动的中心转移到了长江下游的建业。佛教中心的转移无疑与以支谦为代表的重要的人物的迁居有着密切关系。[①]

第二节　支谦学行

一、洛阳佛教对支谦的影响

佛教东传中土，最早的基地便在洛阳。许理和先生详细考证了以洛阳为中心的早期僧团和佛教的发展传播状况。许理和先生指出大约在公元1世纪末、2世纪初，佛教在洛阳已经有了相当大的影响。[②]

许理和先生指出洛阳的佛教信仰者是一个相当异质的(heterogeneous)群体，即认为当时洛阳的佛教信仰团体成员主要由外国侨民构成。其中核心成员有两位安息人：僧人安世高和优婆塞安玄；三位月氏人：支娄迦谶、支曜和支娄迦谶的弟子支亮；两位康居人：康孟祥和康巨；三位印度人：竺朔佛(亦作佛朔)、竺大力和昙果。[③]这个时间恰好是支谦成长的时期。支亮是支谦的老师，支谦与洛阳佛教的关系之密切不言而喻。洛阳佛教对支谦思想的形成和发展有着至关重要的影响。

许理和先生提到的这八位早期僧侣在《高僧传》卷一“译经上”中安清、支楼迦谶两人的传记中都有提及，八人俱以译经闻名。可以说洛阳佛教最为突出的贡献是经典的翻译，这也是汉末佛教最为重要的工作。由于当时来华的胡僧汉语水平很有限，当时的翻译一般是由熟悉梵文和经典的胡僧持经本口译或背诵出经典的内容，同时由熟悉汉语的助手记录下来，形成汉文经典。这个方法是中国早期译经的标准方法，只是发展到后期，在笔录之后，还会有专人对汉文经典加以修饰、润色。可以说，汉末时期佛典的翻译决定了佛典汉译的基本方法和最初的翻译原则，同时也

---

① 参见《佛教征服中国》，第51—52页。

② 《佛教征服中国》，第41—58页。

③ 《佛教征服中国》，第46页。

决定了佛教在华传播的最初形态。

虽然许理和先生以民族为标准将洛阳教团的信众分类，但笔者认为更为根本的区别在于佛教信仰流派的不同。安世高推崇小乘佛教，而支谶是最早将大乘佛教般若经典传入中土的译经家。安世高所译经典限于小乘上座部一系，重点在于“禅数”。而支谶则专译大乘经典，其重点在于“般若”（当时大乘兴起不久）。吕澂先生分析安、谶所以选择这两个系统进行翻译的原因有二。一是当时印度迦腻色迦王推崇说一切有部。说一切有部是相当保守的教派，不但排斥大乘佛教，且排斥小乘其他教派。所以大乘及小乘其他教派不得不自寻出路，离开贵霜王国另寻生存发展之所。二是当时不断有西域异族来汉，他们原本信仰佛教，有信仰上的强烈需要，二家的翻译是直接服务于他们本族原有的信仰需求的。[①]

最早洛阳系统翻译佛经的是安世高。安世高，本名清，原为安息国太子。自幼信奉佛教，当其将即位时，出家修道而让位于其叔。他精研阿毗昙，修习禅定。他是到中国传播说一切有部阿毗昙学说和禅法的第一位西域僧人。安世高于东汉建和元年（公元147年）到达洛阳。不久即通晓汉语，翻译经典。其译经工作约止于东汉建宁中（公元168—171年）。随后，他游历了江西、浙江等地，有不少关于他的神奇故事，流传民间。安世高晚年踪迹史籍不载，故不详。晋代道安编纂的《众经目录》记载，安世高所译经典共三十五种，四十一卷；现存二十二种，二十六卷。此外，《历代三宝记》和《开元释教录》所载安世高译经数量，都比《众经目录》为多，但根据不足，未尽可信。在现存的二十二种经中，属于阿含的十六种，属于修持的五种，属于阿毗昙的一种，有关修持的五种。其中对后世影响比较大的经典有《安般守意经》和《五十校计经》。《安般守意经》是重要的小乘经典，详细地介绍了数、随、止、观、还、净六种法门，为后来天台宗教授的止观所吸收、发展；《五十校计经》提到十方佛现在说法，又说诸菩萨度人欲使人悉得佛道，则属于大乘的经典，可据以想见印度当时佛教弘传的情况。

总体说来，安世高所译经典影响最为深远的是关于小乘禅法的部分，他译出的最为著名的经典是《安般守意经》，介绍数息观。数息是通过对

---

① 吕澂：《中国佛教源流略讲》，第2477页。

呼吸的控制使心念高度集中,进而观想无常,明了万法皆依因缘而生,个体存在充满不净和痛苦。通过这样的认知过程,帮助修行者理解一切存在的真实本相,从而解脱痛苦。这种理性认识的技术基础是数息,所谓数息就是将意念集中于一呼一吸的过程中,默数呼吸的出入,以停止心思散乱的观法,这种方法类似于印度流传已久的瑜伽术。安世高译经的另一重点主要放在了对佛教基本概念的介绍之上,他翻译了许多短小的早期佛教经典,介绍六入[①]、五阴[②]、四神足行[③]、五力[④]、四意止[⑤]等名相,这些概念基本勾勒出原始佛教和小乘佛教的概念系统,比较系统地向中土信仰者普及了佛教的基础知识。安世高的翻译满足了佛教初传阶段信众对佛教基本概念命题的理论需求,而其最为重视的数息禅法在形式上(或曰具体的修行技术上)迎合了中国本土已有的以呼吸吐纳为中心的道家养生修炼方法,使得从未接触佛教的中国人更容易对佛教产生亲近感,进而成为佛教信仰者。

这里必须特别指出的是,虽然安世高及其弟子推崇的禅数学在早期的中国佛教历史中,具有举足轻重的重要地位,但其影响范围主要限于僧伽内部。那些对数息禅修颇感兴趣的居士、士大夫,也须要进行寺院中修行。可以说,以数息观为代表的小乘禅法及小乘佛教并没有真正进入到士大夫阶层的日常生活和思想世界之中。

真正进入士大夫阶层视野的是大乘佛教般若学。大乘般若学的基本经典是由支娄迦谶及其弟子支亮、再传弟子支谦一系翻译家传入中土的。开风气之先者是支娄迦谶。支娄迦谶,简称支谶。月氏人。东汉桓帝在位末年(公元167元)到洛阳。他通晓汉语,学问广博。在光和至中平年间,译出佛经多种。其中《道行般若经》和《般舟三昧经》系与竺佛朔合

---

① 即六根。入,即趣入之义。谓六根为六识所依,能入六尘,故名六入。

② 即五蕴。色蕴、受蕴、想蕴、行蕴、识蕴,乃构成人身的五大要素。

③ 又名四如意足,是三十七道品中四正勤所修的行品,也就是用四种定力摄心,使定慧均等,神力充沛,所愿皆得,故名如意足。

④ 即信力、精进力、念力、定力、慧力。信力是信根增长,能破诸邪信;精进力是精进根增长,能破身之懈怠;念力是念根增长,能破诸邪念;定力是定根增长,能破诸乱想;慧力是慧根增长,能破三界之诸惑。

⑤ 即四正断,三十七道品之一类,意为四种正确的修行,努力断恶生善。即:断断,未生恶不善法令不生,即努力阻止生恶;律仪断,已生恶不善法令断,即已生恶当努力断除;修断,未生善法令生,即未生善当努力使生之;修断,已生善法令增长,即已生善当继续坚持,令其圆满。

作。道安《经录》据所见写本，认为年代可考的只有《道行般若经》十卷、《般舟三昧经》二卷（现存本为三卷）、《首楞严经》二卷（已佚）。另外，道安从译文体裁上认为似属支谶所译者有《阿阇世王经》二卷、《宝积经》（亦名《摩尼宝经》）一卷等九种（其中三种已佚）。还有在支敏度《合首楞严记》中提到的《真陀罗所问宝如来三昧经》三卷。

支娄迦谶最重要的译经作品是《般若道行品经》（亦称《道行般若经》）、《首楞严经》（亦称《首楞严三昧经》）和《般舟三昧经》。《般若道行品经》后为支谦改译为《大明度经》，主要宣扬大乘佛教的诸法悉空、诸法如幻的思想。此经是将大乘般若学介绍进中国内地之始。《首楞严三昧经》和《般舟三昧经》都是介绍大乘禅观的经典。"首楞严"是"首楞严三昧"之略。"首楞严"意译为"健相""勇伏"等，"三昧"是"禅定"的另一种梵音。这种禅定，能统摄一切佛法，具有不可思议的神秘力量。所谓"般舟"，意为"佛现前""佛立"。修习此三昧，可以使十方诸佛出现于修行者面前。《般舟三昧经》还特别宣扬了阿弥陀佛净土信仰，一个人只要专心思念西方阿弥陀佛，经一昼夜或七天七夜，就会在禅定中见到阿弥陀佛，死后即可往生西方净土极乐世界。这是西方净土思想传入中国内地的开端。

支娄迦谶所译出的佛经，数量虽然不是很多，但对中国佛教史和思想史的发展，却产生了很大的影响。支娄迦谶传译的大乘佛典，重点是般若学说，反映了龙树以前印度大乘佛经流行情况。如他译的《宝积经》《阿閦佛国经》《般舟三昧经》都是构成大部《宝积经》的基层部分。《道行经》是大部《般若经》的骨干。《兜沙经》又属于大部《华严经》的序品。由此可知印度的大乘佛经开始向境、行、果各方面平均发展。其中的《道行般若经》则成了当时信众学习般若理论的入门译籍。支谶所传译的大乘般若学的基本理论为缘起性空，即认为世界上一切事物均为因所生，根本没有固定不变之自性，世俗认识及其面对的对象，纯属虚幻不实，唯有般若能超越世俗之见，把握诸法真知。所以般若智慧的获得唯有通过对世俗认识的否定才有可能，这与老庄的某些思想是相通的。

这里有一个需要特别点出的问题。支谶所译的《道行般若经》中使用了一些道家的概念术语来翻译佛教名相。可以说，支谶是最早借用道教思想概念来翻译、传播佛学的翻译家，开此后格义佛教之先河。如在《道行般若》中,支谶把"波罗蜜行"译为"道行",把"如性"译为"本无"等,借用当时思想界十分熟悉道家的"无名为天地始"等说法。这使得传统中国知识分子正好有了接受般若理论的理论基础,也正是通过这类思想使般若理论在中土能够迅速地传播。这个传播过程正值魏晋玄学盛行时,般若学在佛教中得到突出的发展,此经起了不少的作用。魏晋以后,虽然小乘佛教也有发展,但由于大乘佛教的学说更适合中国的文化和社会环境,以至后来发展成为中国佛教的主流。支娄迦谶功不可没。

总体上说,以洛阳教团为代表的汉末译经主要有以下四个特点:其一,译经者主要是外来僧,他们或是单译,或是合译,虽也有少量汉地僧人或居士参加,但只是从事辅助工作;其二,外来僧带来什么梵本经或者诵出什么就译什么,而且大小乘佛教典籍同时被翻译,人们对二者未加区别,把它们都看作是佛陀的教说;其三,此时以译经为主,对经典的著述和注释极少;其四,当时译经事业没有得到政府的直接支持,而是由民间奉佛者资助进行。①

在洛阳度过其青少年时代的支谦,其家庭环境和社会环境都使他有可能最大程度地熟悉大小乘经典,了解佛教发展情况,学习佛教教义。通过跟随支亮的学习,他最终接受了支谶一系的大乘般若学的观点,并且学习了基本的翻译技巧,相信他也对当时佛教翻译中存在的问题有了初步的认识和反思,这为他日后的译经工作奠定了基础。

此外,也应当注意到洛阳佛教教团与士大夫阶层的关系,这种关系对支谦日后的译经、传法活动同样起到了重要的指导性作用。许理和先生的研究指出当时以外国僧侣及侨民信众为核心的洛阳教团与士大夫阶层已经有了一定程度的接触。他认为,洛阳教团"依赖于并包括中国在家信徒,他们中的一些似乎属于有文化的阶层。由于材料的缺少,我们不可能谈论他们的社会背景;他们最可能是些较低等的士大夫以及低级官员的家庭成员,这些人大概出于对道教的爱好而以某种方式与佛教发生了联系。作为外国大师的弟子,这些有文化的居士似乎已经参加了宗教的修行生活;作为大师们的助手,他们记下自己所理解的大师口授给他们的佛

① 参见赖永海 主编:《中国佛教通史》(第一卷),第167页。

教经典;作为译典的修订者和编辑者,他们赋予经典以中国人能够接受的形式,偶尔也在译文中介绍自己的观点和解释。关于他们的生活我们无法知道得更多,但是我们也许可以推知、正因为他们是居士,他们便成为外国僧人与有文化的中国公众之间的纽带。尽管他们本已是朝廷的下级官员,他们与僧伽的关系却是私人和非官方的。"[1]换言之,在东汉末年的洛阳,知识阶层接受佛教早在洛阳教团时期便已经开始。彼时盛行的小乘禅数学吸引了部分有着道教背景的低等士大夫、低级官员及其家庭成员。士大夫阶层已经开始信仰佛教,有部分人皈依外国僧侣,更加深入地参与至译经乃至对经典的解释工作中,这些人受过良好的教育,作为胡僧的助手,帮助笔录那些并不谙熟汉语的僧人所口授的佛经。他们是这些最早的汉译佛典的修订者和编辑者,努力使这些来自异域的经典呈现出中国人能够接受的形式。可以说,不仅是被动的接受者,更成为了主动的参与者。此时佛教徒与士大夫之间的交往还主要局限于非官方的范围之内。[2]

支谦去往吴地以后,交往的对象同样以士大夫阶层为主。他还在此之上更进一步,靠孙权对他的赏识,获得了"太子太傅"的官衔,进入了官僚系统,成为了士大夫阶层中的一员。这使得支谦能够更为方便在士大夫中争取信徒,取得政府对于佛教的支持,为佛教的发展争取到了有利的外部条件。纵观整个三国时代,吴国对佛教的态度最为宽松,佛教在吴国发展得最为顺利,极可能与以支谦为代表的信徒,注重在士大夫阶层中传教的做法有关。

二、支谦入吴以后的历练

支谦生平对佛教最重要和突出的工作主要是在吴国完成的,所以我们首先需要说明他入吴以后的经历。

《祐录》记载,支谦在"献帝之末,汉室大乱,与乡人数十共奔于吴"。《高僧传》的记载与《祐录》基本无差。但有一条非常重要的材料当予以特别重视:"时孙权已制江左,而佛教未行。先有优婆塞支谦,字恭明,一名

① 《佛教征服中国》,第53—54页。

② 《佛教征服中国》,第53—54页。

越，本月支人，来游汉境。”[1]易言之，支谦前往吴地之时，佛教在江左并不盛行，支谦作为开风气者来到吴国。

支谦入吴先驻武昌，后进建业。

曹魏黄初二年（公元221年），孙权自公安（今湖北公安）迁都于鄂（今湖北鄂州），取“以武而昌”之意，将鄂改名为“武昌”。自此以后，武昌成为吴国的政治中心和军事重镇，当时很多佛教徒避难东吴，来到武昌（图9）。支谦便是其中最早的一位。确认支谦先驻武昌的依据是《出三藏记集·安玄传》中关于维祇难的记载：“后有沙门维祇难者，天竺人也。以孙权黄武三年赍《昙钵经》胡本来至武昌，《昙钵》即《法句经》也。时支谦请出经，乃令其同道竺将炎传译，谦写为汉文。”

图9　湖北鄂州出土东吴佛兽纹铜镜

也就是说，支谦到达武昌不久，吴黄武三年（公元224年）印度僧人维祇难和竺律炎也来为到武昌。维祇难带来梵文本《法句经》，由竺律炎口译，支谦笔录译出了《法句经》。这是支谦在吴地最早的译经传教活动。[2]

此时的支谦、维祇难、竺律炎还已开展了一些除翻译外的传法活动。

① 《高僧传》卷一，《大正藏》第50册，第325页上。

② 《出三藏记集》卷十三，《大正藏》第55册，第96页上。

收于《祐录》的《法句经序》中记载支谦和维祇难、竺律炎在翻译过程中产生分歧，“座中”人用孔子、老子的话劝解支谦放弃自己对译文雅典的要求，坚持“因循本旨，不加文饰”的传统译经风格。①汉末以来通行的译经方法就是由熟悉梵文的译者口授，由熟悉汉语的译者笔录、修饰。一般说来，担任笔录工作的译者被认为是助手。《法句经》的翻译是由支谦主要担任笔录工作的（图10）。座中人应当是译经的参谋且是汉译《法句经》最初的那一批读者。从《祐录》的记载来看，这些人能够自如地引用中国传统儒、道经典，由此可以推断他们应当是有着良好知识背景的中国知识分子；他们的意见能够最终左右《法句经》这一重要经典的翻译风格，则说明他们应当是具有一定权威的参与者，其原因或者因为他们为翻译工作提供了必要的物质支持，或者由于其佛学修养已经受到维祇难、竺律炎这些外来僧侣的初步认可。据此我们大致可以认为，以译经活动为中心，佛教已经在一定范围内得到传播，佛教与知识阶层之间的交流已经有了相当水平的深入，部分受到良好教育的士大夫已经成为有一定水准的佛教信仰者，主动地参与到了佛教在中土的传播过程。不难推断，以支谦为代表的佛教徒在当时的社会上已经有了一定的声誉和影响力，因此才能引起孙权的注意。

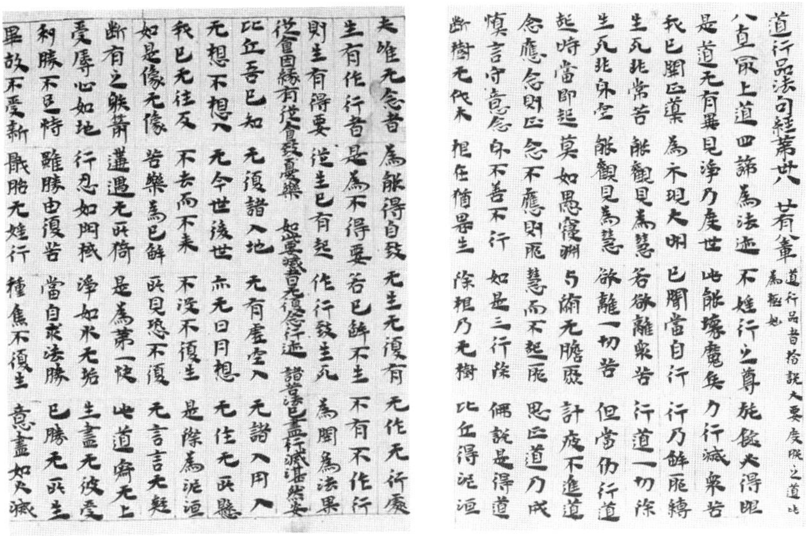

图10　甘肃博物馆藏道行品法句经

① 《出三藏记集》卷七，《大正藏》第55册，第50页上。

自古以来，很多学者就认为孙权在武昌兴建的昌乐寺是为支谦所建，以证明孙权对支谦的重视。《佛祖统记》记载："黄初元年，吴主孙权于武昌建昌乐寺。"[①]黄初元年是曹魏纪年，即公元220年。光绪十一年（公元1885年）编修的《武昌县志》中也有这方面的记叙："昌乐院在县南六里，汉建安二十五年孙权作寺，有二浮图，东有戴渊记，西为谢尚立石……"笔者也认为康僧会至建业时，孙权君臣对佛教尚存怀疑，康僧会不得不以舍利之神异说服孙权，孙权始为之建寺，那在此之前，孙权为一在家居士建寺之事，似不可信。杨维中先生认为昌乐寺即便为孙吴时期所造，可能也不会这么早，"也许此寺是由支谦、维祇难和竺律炎等合作译经时住过的精舍发展而来的"[②]。如杨说确然，那么我们可以认为支谦等人对吴地佛教制度的完善起到了一定积极作用。

吴黄龙元年（公元229年）孙权将都城迁至建业（今江苏南京）。支谦等人随着政治中心的迁移到建业。魏蜀吴三国的政治、军事局势的制衡状态使得各国都获得了短暂的喘息机会，这也使支谦早年因战乱而颠沛流离的生活暂时安定下来，自此开始了他的建业时代。

早期僧团似乎从一开始就有意识地将自己的目标朝向统治阶级。这当然是由于早期经典的译出和传播，很大程度上依赖于知识阶层的帮助。更为重要的原因可能是佛教作为外来的异质文明，佛教同其他的民间信仰一样受到严格的限制乃至打压，僧伽不得不劝说中央或地方当局的认可和支持。（略晚于支谦、同样活动于建业的康僧会，最为重要的成就便是利用宗教的手段，争取到孙氏的认同和支持。孙权为之建寺，标志着佛教由此在吴国乃至整个南中国真正地广泛传播开展，形成了佛教东传以来第一个发展的高峰）基于这样的目的，此时的支谦开始与建业的知识分子阶层有了更为广泛的交游，取得了相当的名声。

此处有一个问题需要特别说明，这便是支谦入吴以后做太傅，辅导的太子是谁？由此我们可以确认支谦在何时、何地被孙权赏识，如此便能确定昌乐寺到底是否为支谦所造，也便能够了解佛教在吴国被最高统治者接受的大概时间。

① 《佛祖统纪》，见《大正藏》第49册，第331页中。

② 赖永海 主编：《中国佛教通史》（第一卷），第150—151页。

历史文献中没有明确记录支谦何时获得太子太傅的头衔，所以这也是一个疑案。汤用彤先生指出，支谦辅导东宫“事如确，则其所谓东宫者，或即太子登”，并以《佑录》“太子登位卒”一语证明自己的推测。吕澂先生则径言“传说他到东吴后曾得到吴主孙权的信任，叫他辅导太子登”。[①]孙权极看重孙登，重视对他的培养，黄初二年即公元221年，孙权向曹魏称臣，被封为吴王，并且拜孙登为东中郎将，封万户侯，孙权以孙登年幼辞去爵位不受。同年，孙权立孙登为王太子，并为孙登选置师傅，选取优秀的士人作为他的宾友。孙权任命南郡太守诸葛瑾之子诸葛恪、绥远将军张昭之子张休、丞相顾雍之孙顾谭、偏将军陈武之子陈表等进宫，为孙登侍讲诗书，并随从骑马射猎。[②]黄龙元年，即公元229年，孙权称帝，迁都建业，立孙登为太子。孙登为人有抱负、有能力、谦让好学、善于网罗人才，曾任命诸葛恪为左辅都尉、张休为右弼都尉、顾谭为辅正都尉、陈表为翼正都尉，称为“四友”。而谢景、范慎、刁玄、羊衜等皆为宾客，因此东宫号称名士盈门。[③]孙登生于公元209年，当时二十岁，支谦于此时在建业成为青年太子的太傅，是比较符合情理的。孙登于赤乌四年即公元241年去世。支谦此时年近五十，从此隐居山林，度过了人生最后的修行时光。这样看，支谦做过孙登的老师在时间逻辑上是合情合理的。

近年也有学者提出了不同见解。杨维中先生根据《高僧传》《三国志》等史料认定支谦所指导的吴国太子是孙和。[④]《高僧传·康僧会传》中有一条材料：“汉献末乱，避地于吴。孙权闻其才慧，召见悦之，拜为博士，使辅导东宫。与韦曜诸人共尽匡益，但生自外域，故《吴志》不载。”[⑤]与支谦一直指导太子的是韦曜。《三国志·韦曜传》记载：“韦曜，字弘嗣，吴郡云阳人也。少好学，能属文，从承相掾，除西安令，还为尚书郎，迁太子中庶子。

---

① 吕澂：《中国佛学源流略讲》，第2877页。

② 《三国志·卷五十九·吴书十四·吴主五子传第十四》：魏黄初二年，以权为吴王，拜登东中郎将，封万户侯，登辞疾不受。是岁，立登为太子，选置师傅，铨简秀士，以为宾友，于是诸葛恪、张休、顾谭、陈表等以选入，侍讲诗书，出从骑射。

③ 《三国志·卷五十九·吴书十四·吴主五子传第十四》：黄龙元年，权称尊号，立为皇太子，以恪为左辅，休右弼，谭为辅正，表为翼正都尉，是为四友，而谢景、范慎、刁玄、羊衜等皆为宾客，于是东宫号为多士。

④ 参见《中国佛教通史》（第一卷），第143—144页。

⑤ 《高僧传》卷一，《大正藏》第50卷，第325页上。

时蔡颖亦在东宫，性好博弈，太子和以为无益，命曜论之。”[①]《三国志·孙和传》记载赤乌四年（公元241年）五月，皇太子孙登死。第二年正月，孙权立三子孙和为太子，孙和时年十九岁。孙权以“阚泽为太傅，薛综为少傅，而蔡颖、张纯、封浦、严维等皆从容侍从……人情犹不能无嬉娱，嬉娱之好，亦在于饮宴琴书射御之间，何必博弈，然后为欢。乃命侍坐者八人，各著论以矫之。于是中庶子韦曜退而论奏，和以示宾客”[②]。可见韦曜是孙和的老师之一。杨维中先生的这个判断似乎是站得住脚的。

历史上，孙权于赤乌五年（公元242年）立孙和为太子，赤乌十三年（公元250年），孙权又废黜孙和，改立少子孙亮为太子。如此说来支谦与韦曜共事，成为太子师的年代应在公元242—250年之间。这样的话，我们仍然可以断定，支谦是在建业见到孙权。

综上所述，我们可以基本确认支谦受到孙权赏识是在建业。孙权对支谦以至佛教的认可也可能缘于当时知识阶层佛教及支谦本人的认同，出于政治方面笼络士大夫阶层的考虑，孙权（也可能是孙登出于笼络人心的想法，给孙权提出某些建议，起到了一定影响）给了支谦一个太傅的虚衔，以示尊重。这是佛教在吴地的初步胜利，是佛教在吴地大盛的第一步（图11）。

图11　南京出土东吴盘口壶上的佛饰

① 《三国志》卷六五，第1460页。

② 《三国志》卷九九，第1368页。

在建业的岁月是支谦作为佛经翻译家的黄金时代，参照支谦生卒年月，可知支谦在年过三十之后进入自己翻译工作的黄金时代，大约在五十五岁左右隐居山林，直至去世前一直译经不缀。《祐录》记载“从黄武元年至建兴[1]中，所出《维摩诘》《大般泥洹》《法句》《瑞应本起》等二十七经，曲得圣义，辞旨文雅”[2]，也就是从公元222年至253年前后这三十年左右，支谦的多数译作是在此后一段时间完成。通过支谦与吴国士大夫的交往，这些经典和大乘佛教的基本教义逐渐传播开来。支谦的努力使得东吴的上层阶级熟悉了大乘佛教，为佛教在吴地的进一步发展奠定了初步的基础。

赤乌四年（公元241年）康僧会从交趾去往建业，孙权在他的影响下在建业修造建初寺供康僧会住锡。这是建业建造的第一所佛寺，此后，在建业进一步形成了以康僧会为首的僧团，东吴乃至整个江南佛教的发展正式进入了一个新的发展阶段。

① “建兴”（公元252年4月—253年）是东吴废帝孙亮的第一个年号。

② 《出三藏记集》，《大正藏》第55册，第97页下。

第三章　支谦的译经成就

作为整个中国佛教史上屈指可数的几位著名佛经翻译家之一，支谦生平最为突出的成就即是他的译经事业。本章将具体讨论他的译经情况，以及他所翻译的几部对中国佛教产生巨大影响的重要经典的概况。

第一节　支谦译经考

一、支谦译经概况

支谦译经数量，各种典籍、经录所记不一。

道安认为支谦译经三十部。僧祐据《别录》补六部，计三十六部，僧祐认为其中二十七部是支谦所译，其余是他整理。[①]慧皎《高僧传》记支谦译经四十九部。[②]智升《开元释教录》计八十八部。[③]

对于僧祐《出三藏记集》卷二所录的三十六部支谦译作，吕澂先生认为"很多是大部的或传抄的异本，不足为据。现经考订有译本的只有下列二十九部：

一、《阿弥陀经》(一称《无量寿经》)二卷。二、《须赖经》一卷。三、《维摩诘经》二卷。四、《私诃本经》一卷。五、《差摩竭经》一卷。六、《月明童子经》一卷。七、《龙施女经》一卷。八、《七女经》一卷。九、《了本生死经》一卷。一〇、《大明度无级经》四卷。

① 《出三藏记集》,《大正藏》第55卷，第6—7页、第97页中。

② 《高僧传》,《大正藏》第50卷，第325页中。

③ 《开元释教录》,《大正藏》第55册，第489页中。

一一、《慧印三昧经》一卷。一二、《无量门微密持经》一卷。一三、《菩萨本业经》一卷。一四、《释摩男经》一卷。一五、《赖吒和罗经》一卷。一六、《梵摩渝经》一卷。一七、《斋经》一卷。一八、《大般涅槃经》二卷。一九、《义足经》二卷。二〇、《法句经》二卷。二一、《佛医经》一卷。二二、《四愿经》一卷。二三、《阿难四事经》一卷。二四、《八师经》一卷。二五、《孛经抄》一卷。二六、《瑞应本起经》二卷。二七、《菩萨本原经》四卷。二八、《老女人经》一卷。二九、《搜集百缘经》七卷。

上述二十九部属于僧祐著录于支谦名下的二十六部。僧祐列入而被吕徵去除的是:《小阿差末经》二卷,散失;《优多罗母经》一卷,散失;《悔过经》一卷,散失;《贤著德经》一卷,散失;《佛从上所行三十渴》一卷,散失;《惟明二十偈》一卷,散失;《首楞严经》二卷,散失;《法镜经》二卷,散失;《鹿子经》一卷,散失;《十二门大方等经》一卷,散失。吕先生列出经目中的《菩萨本缘经》始见于《历代三宝纪》著录,《撰集百缘》始见于《大唐内典录》著录。吕先生认为"虽然原始的记录出处不明,但从译文体裁上看无妨视为支谦所译"[①]。《祐录》将《佛医经》归在竺律炎名下,但注明支谦参与是经的翻译,吕先生将其列入支谦译作,上述二十九部译作,现存二十七部。

费长房《历代三宝纪》《释氏稽古略》记支谦译经一百二十九部(一百五十二卷经)。[②]对如此巨大的数目,费长房的解释是:"谦以大教虽行,而经多梵语,未尽翻译。自既妙善方言,乃更广收众经旧本,译为吴言。从黄武首岁迄建兴末年,其间首尾三十余载,所出《维摩》《大般泥洹》《法句》《瑞应本起经》等。僧祐《三藏集记》录载唯有三十六部。慧皎《高僧传》述止云四十九经。房广检括众家杂录,自《四十二章》已下,并是别记所显杂经,以附今录。量前传录三十六部,或四十九经,似谦自译。在后所获,或正前翻多梵语者,然纪述闻见,意体少同,录目广狭,出没多异,各存一家,致惑取舍,兼法海渊旷,事方聚滞。既博搜见,故备列之。"[③]可见,费长房

① 《中国佛学源流田略讲》,第2877—2878页。
② 《历代三宝纪》,《大正藏》第49册,第56页中。《释氏稽古略》,《大正藏》第49册,第770页中。
③ 《历代三宝记》,《大正藏》第49册,第59页上。

在《祐录》搜集各种杂录记载，大大扩充支谦译作的数量，其实其中有很多是传抄的异本，并非完全意义上的译本。

《历代三宝纪》和《开元释教录》著录于支谦名下且现在仍然保存于藏经中的译籍如下：

《九色鹿经》一卷、《贝多树下思惟十二因缘经》一卷、《八吉祥神咒经》一卷、《华积陀罗尼神咒经》一卷、《持句神咒经》一卷、《三品弟子经》一卷（又称《弟子学有三辈经》）、《法律三昧经》一卷（又称《法律经》）、《梵志阿飏经》一卷（又称《阿飏摩纳经》）、《梵网六十二见经》一卷（又称《梵网经》）、《七知经》一卷（又称《七智见经》）、《诸法本经》一卷、《弊魔试目连经》一卷（又称《魔娆乱经》）、《须摩提女经》一卷、《不自守意经》一卷、《五母子经》一卷、《龙王兄弟经》一卷，或称《难龙王经》、《长者音悦经》一卷（又称《长者音悦不兰迦叶经》）《落沙王五愿经》一卷（又称《弗沙迎王经》）、《须摩提长者经》一卷（又称《如来所说示现众生经》）、《未生怨经》一卷、《黑氏梵志经》一卷、《猘狗经》一卷、《孙多耶致经》一卷（又称《梵志孙多耶致经》）、《戒销灾经》一卷（又称《戒销伏灾经》）、《惟日杂难经》一卷。

《古今译经图纪》以《历代三宝记》为基础，[①]详细列出了支谦所译的一百二十九部、计一百五十二卷经典：

> 优婆塞支谦字恭明，月支国人也。汉末游洛。谦该览经籍及诸技艺，善诸国语。细长黑瘦白眼黄睛。时人语曰：支郎眼中黄，形躯虽细是智囊。武烈皇帝以其才慧拜为博士，辅导东宫，甚有裨益。以黄武二年岁次癸卯乃至建兴二年岁次癸酉，正旧译新凡一百二十九部，合一百五十二卷。然谦译经典深得义旨。谓《大明度经》（四卷），《禅秘要经》（四卷），《阿差末菩萨经》（四卷），《菩萨本缘集经》（四卷），《维摩诘所说不思议法门经》（三卷），《修行方便经》（二卷），《大般泥洹经》（二卷），《瑞应本起经》（二卷），《法镜经》（二卷），《小阿差末经》（二卷），《阿弥陀经》（二卷），《义足经》（二卷），《方等首楞严经》

① 唐贞观二十二年（公元648年），太宗敕令建立大慈恩寺，并命于该寺翻经堂内壁描绘“古今译经图变”。其后，将该图做成画卷。当时，靖迈担任玄奘的笔受者，于画上记载各译师小传与所译经典，成此图纪。图纪内容多依《历代三宝纪》，改定时代及译者顺序，并删除译经事实不详者与东土所撰述者。开元十八年（公元730年），智升撰《续古今译经图纪》一卷，增补自唐代智通至金刚智等二十一人所传译的经典。

(二卷),《法句经》(二卷),《慧印经》(一卷),《本业经》(一卷),《须赖经》(一卷),《梵摩渝经》(一卷),《私阿末经》(一卷),《微密持经》(一卷),《月明童子经》(一卷),《阿难四事经》(一卷),《差摩竭经》(一卷),《优多罗母经》(一卷),《七女经》(一卷),《郁伽长者经》(一卷),《八师经》(一卷),《释摩男本经》(一卷),《孛抄经》(一卷),《老女经》(一卷),《斋经》(一卷),《悔过法经》(一卷),《贤者德经》(一卷),《佛从上所行三十偈经》(一卷),《了本生死经》(一卷),《惟明二十偈经》(一卷),《龙施女经》(一卷),《鹿子经》(一卷),《十二门大方等经》(一卷),《赖咤和罗经》(一卷),《四十二章经》(一卷),《难龙王经》(一卷),《不自守意经》(一卷),《五阴事经》(一卷),《七知经》(一卷),《人民求愿经》(一卷),《佛开解阿拔梵志经》(一卷),《宝海梵志成就大悲经》(一卷),《梵志子死稻败经》(一卷),《梵志问佛师经》(一卷),《降千梵志经》(一卷),《梵志经》(一卷),《度梵志经》(一卷),《外道仙居说度经》》(一卷),《梵志结净经》(一卷),《梵志问佛世间增减经》(一卷),《佛为外道须深说离欲经》(一卷),《梵网六十二见经》(一卷),《阿质国王经》(一卷),《桀贪王经》(一卷),《国王成就五法久存于世经》(一卷),《惟娄王师子潼譬喻经》(一卷),《诸法本经》(一卷),《五母子经》(一卷),《戒消伏灾经》(一卷),《枯树经》(一卷),《是我所经》(一卷),《甘露道经》(一卷),《不净观经》(一卷),《水上泡经》(一卷),《恒水戒经》(一卷),《色无常经》(一卷),《护口意经》(一卷),《寿命促经》(一卷),《法施胜经》(一卷),《诸漏尽经》(一卷),《修行慈经》(一卷),《须摩提长者经》(一卷),《魔调王经》(一卷),《四愿经》(一卷),《净行品经》(一卷),《金刚清净经》(一卷),《惟日杂难经》(一卷),《佛为诃利旷野鬼说法经》(一卷),《阿阇世王女阿术达菩萨经》(一卷),《劝进学道经》(一卷),《贝多树下思惟十二因缘经》(一卷),《坚意经》(一卷),《三品弟子经》(一卷),《摩诃精进经》(一卷),《菩萨修行经》(一卷),《普广菩萨经》(一卷),《陀罗尼句咒经》(一卷),《华积陀罗尼咒经》(一卷),《八吉祥经》(一卷),《摩诃般若波罗蜜咒经》(一卷),《七佛神咒经》(一卷),《大慈无减经》(一卷),《宝女明三十二相经》(一卷),《三鱼失水经》(一卷),《演道俗业经》(一卷),《不庄校女经》

(一卷),《申日经》(一卷),《孙多邪致经》(一卷),《长者音悦经》(一卷),《黑氏梵志经》(一卷),《法律经》(一卷),《出家功德经》(一卷),《弊魔试目连经》(一卷),《七漏经》(一卷),《蓝达王经》(一卷),《魔女闻佛说法得男身经》(一卷),《魔化作比丘经》(一卷),《佛以三车唤经》(一卷),《未生怨经》(一卷),《弗加沙王经》(一卷),《须摩提女经》(一卷),《百喻经》(一卷),《雪山猕猴经》(一卷),《度脱狗子经》(一卷),《猘狗经》(一卷),《三种良马经》(一卷),《鸡乌事经》(一卷),《河中草龟经》(一卷),《瞎鳖经》(一卷),《四种良马经》(一卷),《鹰鹞猎经》(一卷),《法灭尽经》(一卷),《无母子经》(一卷)。并制梵呗三契,声于今江淮盛行。[①]

以上经典目前仍存于藏经中译作有:《九色鹿经》一卷、《贝多树下思惟二十因缘经》一卷、《八吉详神咒经》王卷、《持句神咒经》一卷、《三品弟子经》(又名《弟子学有三辈经》)一卷、《法律三昧经》(又名《法律经》)一卷、《梵志阿飚经》(又名《阿飚摩纳经》)一卷、《梵网六十二见经》(又称《梵网经》)一卷、《七知经》(又名《七智见经》)一卷、《诸法本经》一卷、《弊魔试目连经》(又称《魔娆乱经》)一卷、《须摩提女经》一卷、《不自守意经》一卷、《五母子经》一卷、《龙王兄弟经》(又名《难龙王经》)一卷、《长者音悦经》(又名《长者音悦不兰迦叶经》)一卷、《蓱沙王五愿经》(又称《弗沙迦王经》)一卷、《须摩提长者经》(又名《如来所说示现人生经》)一卷、《未生怨经》一卷、《黑氏梵志经》一卷、《猘狗经》一卷、《孙多耶致经》(又称《梵志孙多耶致经》一卷、《戒销灾经》(又称《戒销伏灾经》)一卷、《惟日杂难经》一卷。目前大藏经中存题为支谦所译的经典除上述见五十二部之外,还有一部《摩登伽经》,这是支谦与竺律炎合译的经典。

由于原始资料不足,我们很难完全弄清支谦译经的确数。支谦是三国时期最为有名的佛教翻译家,很多当时译者的其他零星译出的经典,被自觉不自觉地归于他的名下。翻检《大正藏》题为支谦所译五十三部经典,广泛涵盖阿含部、本缘部、般若部、华严部、宝积部、经集部、密教部、律部八部。学者一般认为密教部的使用了大量音译词来记录梵文经咒的原

① 《古今译经图纪》,《大正藏》第55册,第351—352页上。

文，音译的过量使用与支谦的翻译原则相悖，这部分经典应当是托名之作。

二、藏经所存题为支谦所译经典

现将《大正藏》所存支谦所译经典的内容简介罗列如下，使读者能够对支谦所译的佛经有一个大概的认识，同时也希望帮助读者了解支谦时代南方佛教（尤其是建业佛教）发展的整体程度和水平。

经名	部	主要内容
佛开解梵志阿飏经	阿含部	外道阿飏与佛陀辩论，佛陀为其宣说戒律及四大、三毒、所受皆苦等佛教基本教义，并说明信仰佛教的广大功德。阿飏为佛陀所折，率五百同道皈依佛陀。
梵网六十二见经	阿含部	《梵网六十二见经》是《巴利三藏》长部尼柯耶的第一经，是小乘佛教重要经典。佛陀耶舍与竺佛念于后秦弘始年间译出全套《长阿含》，其第二十一经《梵动经》是《梵网经》的别译本。此外，昙摩耶舍与昙摩崛多合译的《舍利弗阿毗昙论》二十卷，也可算是《六十二见经》之简译本。需要特别注意的是此经很容易跟《梵网经》混淆，其实不然。《梵网六十二见经》是小乘经典，以破外道邪见为宗旨，只是涉及戒律。而《梵网经》则是非常重要的大乘戒律经典，由鸠摩罗什翻译。 该经记叙佛陀在祇园迦梨罗讲堂说佛道与外道差别，为僧众讲解小戒、中戒、大戒，破外道六十二见——过去十八见、未来四十四见。 过去十八见可分为五类：常住之见，即外道认为的“我与我所都是常住的”；一分常住、一分非常住之见，即认为我与我所有一部分是常，一部分是非常的；有边、无边之见，即认为世界一部分是有限的，一部分是无限的；狡猾诡黠之见，指某些修行者为了隐瞒的无知而作的诡辩；无因之见，指大梵天中的无想之类，因动念，降为人身。 未来之见也分五类：有想之见，指有情众生因妄想而纠结业缘，因而感此生报；无想之见，外道修行不能真正放下妄想，心如死灰，使之误以为涅槃，其实仍将动念，再入涅槃，；亦有想、亦无想之见，在有想无想之间摇摆的谬见；断灭之见，认为我与我所可以不修而断的观点；现法涅槃之见，涅槃虽然是佛教的最高目标，但不能执着于达到这一目标，如果执着便不能得到真正的涅槃。 佛陀认为，此六十二见，皆是由于主体触缘而生。

经名	部	主要内容
七知经	阿含部	佛陀对弟子讲述合格比丘应当具备的七个条件，即“一知法，二知义，三知时，四知节，五自知，六知众，七知人”。
释摩男本四子经	阿含部	佛陀在迦维罗卫兜国泥拘类园中向摩男解释佛教意义上的“苦”“乐”为何，所谓苦即由五根贪欲而起的淫、怒、痴，所谓真乐即消灭上述诸苦，佛陀指出世间“乐少苦多”，而想离苦得乐，则须奉持五戒，潜心修行佛道。
诸法本经	阿含部	佛陀在舍卫国祇树给孤独园向弟子解释佛法及修行的最基本内容。“欲为诸法本，更为诸法习，痛为诸法同趣，念为诸法致有，思惟为诸法明道，三昧为诸法第一，智慧为诸法最上，解脱为诸法牢固，泥洹为诸法毕竟。”
弊魔试目连经	阿含部	弊魔入于目犍连尊者腹中，企图妨碍目犍连修行。目犍连尊者不为所扰，并自述过去世瞋恚魔时诱比丘破瞋恚戒的本缘故事，并向弊魔解说诱比丘破戒的报应。
赖吒和罗经	阿含部	鞋罗欧咤国长者子赖吒和罗说服家人终得出家随佛陀修行，后得阿罗汉果。但其归家探望父母，又被父母、国王以金钱、美女、权位试探而终不为所动。最终赖吒各罗为国王说苦谛，为国王授五戒。
梵摩渝经	阿含部	借梵摩渝口述佛陀三十二种相。
斋经	阿含部	佛陀向信女维耶讲述在家修行者于六斋日奉持八关斋戒的内容，并说明受斋之日当习之五念，最后定说如法奉持八关斋戒的广大功德。
佛说不自守意经	阿含部	佛陀告诸比丘何谓自守、不自守。不能够闭守眼耳鼻舌身意六根，则六识会堕于外境，便不能得解脱，是为不自守。能够闭守眼耳鼻舌身意六根，则六识不会堕于外境，便能得解脱，是为自守。也就是说，闭守六根是解脱的根本。
须摩提女经	阿含部	舍卫国王舍城阿那邠池长者之女段摩提念佛持戒，依佛陀之命嫁予满富城中外道满财长者之子。后依宿世因缘，在佛陀及诸大弟子的帮助之下，使得满富城六千外道及城中八万四千人民同时得道。
菩萨本缘经	本缘部	此经讲述了三位菩萨的本缘故事。“毗罗摩品第一”讲述毗罗摩菩萨继承其父辅相位，辅佐地自在王的本缘故事。地自在王信奉婆罗门外道，常常侵陵小国。毗罗摩菩萨妙语美德善行使地自王及其国人信奉佛教。毗罗摩菩萨教国人如法布施，解脱业行。菩萨教导国人，布施目的在于利乐众生、广种福田、寻求解脱而非为一己之身寻求果报。“菩萨本缘经

续表

经名	部	主要内容
		一切施品第二”一切施菩萨生国者家，少为国王，好布施。邻国人民咸来归化。邻国失其人民，使一同讨伐其国。一切施菩萨决定投降敌国，一为免人民遭受兵戎之灾，二为防止敌人因此而造大，三又劝说臣子不起瞋心，免堕地狱。臣子坚持却敌，最终失败。一切施菩萨避走山林。敌国悬赏捉拿一切施菩萨。后来菩萨为偶遇之婆罗门自缚投敌。一则为婆罗门求财，二则自投罗网，以息敌国怨嗔之心。敌国国王因之悔悟，皈依政法，行布施行。“一切持王子品第三”，该品讲述一切持王子常行布施。臣子对王子的行为多有反对。国王有一头白象，能够降伏敌国。敌国国王便派人化妆成苦行婆罗门向王子乞求白象。王子不顾白象为父亲所有，布施于他。国王告诫王子，不应“挑其右目以治左眼”，“夫为人法，先安其亲，然后乃当及余他人”。
月明菩萨经	本缘部	佛对明月童子讲述在家修行者的修行之道。在家当如出家，常持法布施、饭食施。发四愿，求无上道。四愿为：愿一切人疾逮善权方便；愿世世与善知识共会；愿以财宝与一切人共；愿行二事以法施及饮食，常乐得是行。行布施行当无贪心，如法持戒，布施包括肉身在内的一切，尤其当持法布施。
九色鹿经	本缘部	佛陀自述的著名的鹿王本生故事。佛陀曾为九色鹿王。于林间偶遇人溺水。溺者为九色鹿所救，却为了金钱、权势背信弃义向国王出卖九色鹿。后来九色鹿向国王细述原委，国王将九色鹿放生，并惩罚了告密的溺水者。这个本生故事在中国广为流传，各种经变、绘画艺术作品多有反映。
太子瑞应本起经	本缘部	讲述释迦牟尼佛本生故事。这是中土译出最早的、最为完整的释迦牟尼佛的本生故事，此经在中国流传极。
佛说义足经	本缘部	此经主要收集佛陀及其弟子与外道斗争的故事。桀贪第一品讲述佛陀在舍卫国度化外道的故事。佛陀开示外道世有不过避、不可脱的五事：当耗減法、当亡弃法、当病瘦法、当老朽法、当死去法。佛陀为他解释因缘法，宣说布施持戒，梵志最终皈依佛陀，出家为比丘僧。优填王第二品故事仍然发生在舍卫国。优填王带一姬妾畋猎，偶遇一独自修行的比丘。比丘形容不整，优填王姬妾受惊，优填王一时激愤，欲杀比丘。山神为保护比丘变成一头山猪吸引优填王的注意力，救比丘一命。比丘乃得机会到祇树给孤独园中听佛陀宣讲佛法。须陀利第三品：舍卫国国王及大臣虔心供养佛陀及弟子，不习外道，引起国内外道的嫉妒愤恨。众外道于是密谋杀死美女，将尸体埋在祇树之间，跟国王告发比丘奸杀此女。一时之间，僧团受到了城中百姓的嫌恶，乞讨不到食物。佛

续表

经名	部	主要内容
		陀告诉弟子不必着急,七日之内诽谤自消。其间有清信女惟阁供养佛及弟子饮食七日。诬陷之事后来由于外道们自己争吵,被大臣听到报告国王,僧团的污名得以洗刷。摩竭梵志第四品:佛陀在祇树给孤独园讲法,外道摩竭在讲堂猝死,但因其听闻佛法,亦得解脱。镜面王第五品:舍卫国诸多外道攻击,相互不能说服。佛陀讲述了从前世镜面王派几个盲人去找寻大象的故事。盲人不能见到象,对大象的描述止于其所摸到的部分。佛陀意谓外道争论的原因正如盲人摸象,他们只见部分不见整体,自然不能相互说服,也不能了解真理。盲人摸象这个故事后来成为汉语中的常用成语。老少俱死第六品:佛陀在娑扫国里见一长者百二十岁,又见一儿童七岁便死。佛陀于是向弟子们解释生老病死的原因及解脱的方法。弥勒难第七品:舍利弗因为年老比丘在讲堂内行内事而不礼敬年老比丘,被同修批评。舍利弗就此事向弥勒请教戒律。弥勒为其解释,随后佛陀又开示舍利弗及弟子们,当自守戒律,不问他人是非。勇辞梵志第八:堕沙国外道以五百金钱的赏金,雇外道勇辞去驳倒佛陀。勇辞事先准备了五百多个问题要去为难佛陀。结果见到佛陀以后,却为佛陀的庄严威神所震慑,说不来出话来。问难之事自然不了了之。摩因提女第九:句留国外道摩因提女极美艳。是女仰慕佛陀欲嫁佛陀为妾,佛陀不为所动。异学角飞第十:佛陀被王舍国国王推崇供养。有梵志六人因而心生嫉妒,向国王进馋言。王舍国王没有听信其言,并将六人逐出王国。六人便到舍卫国,又向波私匿王进馋言。佛陀便在波私匿王面前施展神通,使外道折服。随后佛陀便给众人说法。猛观梵志第十一:有外道猛观怀疑佛法,佛陀现端正庄严好像使之折服,诱之入道,并为他宣说佛法。法观梵志第十二:有外道法观怀疑佛法,佛陀现端正庄严好像使之折服,诱之入道,并为他宣说佛法。兜勒梵志第十三:有外道兜勒怀疑佛法,佛陀现端正庄严好像使之折服,诱之入道,并为他宣说佛法。莲花色比丘尼第十四:佛在忉利天为比丘、比丘尼、优婆塞、优婆夷四众说法、传戒。莲花色比丘尼以神通到达佛前,恭敬礼拜佛陀,随众听法。子父共会第十五:释国(即迦毗罗卫国,佛陀的祖国)悦头檀王(即净饭王,佛陀的父亲)以头触佛足,礼敬佛陀。国人多为王不平,国王便向人民说明自己在佛陀初生、得道时,即已两次礼拜佛陀的因缘。佛陀特为国王及其眷属宣说四谛、五戒。维楼勒太子第十六:舍卫国王子惟楼勒(即琉璃太子)到释国,住进新起的大殿。释国人以其为奴婢之子,将他所踏之地深掘七尺以净土重垫。惟楼勒太子于是记恨释国人。其成为国王以后,即率大军前往报仇雪

经名	部	主要内容
		耻。释摩男为了救城中百姓，自沉水底，但最终并没有能够改变释国灭亡的命运。佛陀以因缘法解说释国倾覆的因缘，并且说明佛法必将久住世间。这个故事即是描述释迦族灭族的故事。经中描写颇为详尽。此品旨在说明即便佛陀亦不能违逆因缘法。
撰集百缘经	本缘部	相传由释迦摩尼的弟子迦叶佛整理，百种事缘来说善恶业果之事实。全书共分十品，即菩萨授记品、报应受供养品、授记辟支佛品、出生菩萨品、饿鬼品、诸天来下供养品、现化品、比丘尼品、声闻品、诸缘品。每一品各有十缘，共有百缘。菩萨授记品载发弘誓而得成佛悬记者之事缘；报应受供养品载释尊宿世之业缘；授记辟支佛品载依善根功德而得辟支佛及成佛悬记者之事缘；出生菩萨品载释尊之本生及劫贼得阿罗汉果之事缘；饿鬼品载依恶业受饿鬼果报者之事缘；诸天来下供养品载诸人鸟兽等生天之事缘；现化品载修理供养毗婆尸佛塔而得阿罗汉果之诸缘；比丘尼品载比丘尼及盗贼得阿罗汉果之诸缘；声闻品载善业之人得阿罗汉果之诸缘；诸缘品主要记载恶业之人得阿罗汉果之诸缘。
猘狗经	本缘部	佛陀以猘狗受戒却还啮主人，堕落地狱为例，说明从师受戒还谤说师者，及卖戒慢者的果报。
大明度经	般若部	大明，即摩诃般若之意译；度无极，即波罗蜜之意译。此经是支谦对师祖支谶所译《道行般若经》的异译。《大明度经》共十卷三十品，是佛陀在耆阇崛山时，令须菩提、舍利弗向诸大比丘、诸大菩萨弥勒、文殊和诸天人，讲说般若波罗蜜法和诵持讲说书写此经的无量功德。此经开宗明义说，“欲学阿罗汉法”“欲学辟支佛法”“欲学菩萨法”，当闻当学当持当守般若波罗蜜，这就指出般若波罗蜜是声闻乘、缘觉乘和菩萨乘的通法。此经宣扬般若学“自性空”的思想，阐明般若波罗蜜之法，并叙及受持功德。
佛说菩萨本业经	华严部	该经主要介绍修菩萨行的要求，认为在家出家皆可依条件的不同进行不同的修行，并提供了具体的修行要领。此外，该经具体介绍发意、治地、应行、生贵、修成、行登、不退、童真、了生、补处十地菩萨的不同标准。
佛说阿弥陀三耶三佛萨楼佛檀过度人道经	宝积部	为与鸠摩罗什译之《小阿弥陀经》区别故，又称《大阿弥陀经》，系《无量寿经》五种现存异译本之一。此经是“净土三经”之一。记叙无量寿佛（阿弥陀佛）的因地修行，果满成佛，国土庄严，摄受十方念佛众生往生彼国等事。经中介绍了无量寿佛接引众生的大愿、极乐世界的美好景象，以及娑婆世界的污秽不堪等内容。

续表

经名	部	主要内容
佛说八吉祥神咒经	经集部	叙述佛陀在罗阅祇耆阇崛山，与众比丘及菩萨集会，会中佛陀对舍利弗讲说受持读诵东方八佛名号，及八吉祥神咒之功德。
佛说维摩诘经	经集部	维摩诘是音译，详称为维摩罗诘，简称维摩，旧译净名，新译无垢称，为意译。根据《维摩诘经》记述，维摩居士自妙喜国土化生于娑婆世界，示现在家居士相，辅翼佛陀教化，为法身大士。他是毗舍离城中的一名富商长者，不仅辩才无碍，慈悲方便，而且受到城市居民们的爱戴。他的妻子貌美，名叫无垢，有一双儿女，子名善思童子，女名月上女，皆具宿世善根。一家四口，平日以法自娱。善思童子还在襁褓中时，即能与佛及诸大弟子问答妙义。佛陀曾至毗舍离城，善思童子献花与佛，佛陀为他说法，当下就证得无生法忍。月上女出生时，不曾啼哭，且能开口道出宿世因缘，由她身上散发出的光明胜于月照，犹如金色，照耀家内。八岁大时，已长成美妙多姿的童女，引起城内诸大臣、居士、长者、婆罗门及豪门贵族的童男爱慕追求，因而展开一场神通游戏的招亲活动，最后月上女度化了诸童子入佛道，发菩提心。月上女曾以她的辩才神通，与声闻、菩萨讨论佛法妙义，并蒙佛授记。所以经中描述维摩居士“虽处居家，不着三界；示有妻子，常修梵行”，这种不可思议的宿世妙缘，是佛化家庭的最早典范，维摩居士则堪称是佛陀时代第一居士。 维摩诘居士奉行菩萨道，为度化声闻二乘人，运用权巧方便，乃至示现生病，而由佛陀弟子、菩萨及文殊师利菩萨的探病过程，凸显维摩居士悲智双运的菩萨道精神。他往来于各阶层，经商讲信用，甚、至出入各种声色场所，随缘度众，也都是为了要宣扬大乘佛教的教义。他教导娑婆众生，当下照见心灵净土，创造美好世界；阐说不可思议的解脱法门，强调“烦恼即菩提，不离生死而住涅槃”的不二法门，提供修行人治病的妙药良方。
佛说阿难四事经	经集部	佛陀灭度之前，向阿难交待身后五浊恶世佛弟子当依经典、戒律遵守四事：慜念爱护一切众生的慈心、布施救济一切众生的悲心、弘法护教、严守戒律。行此四进，辗转受福，自得成佛。
佛说末生冤经	经集部	王子末生冤被调达教唆谋篡父亲瓶沙王王位。末生冤将父亲投诸牢狱，百般折磨。瓶沙王及王后屡次以孝道教育末生冤王子：“佛说经云：夫善之极者，莫大于孝；恶之大者，其唯害亲乎！”而王子不为所动。瓶沙王在狱中信仰坚定，心无恐惧，念佛不辍。了悟因缘轮回之法，不生嗔恨心。佛陀遥为说法。王安然承受业力果报，得生天上，不复诸苦。

续表

经名	部	主要内容
佛说蓱沙王五愿经	经集部	王舍国王蓱比沙与邻国国王弗迦沙从未相见，遥相爱敬如兄弟，常书信往来。弗迦沙王从蓱比沙王书信中得知佛在王舍国，即往见佛。途中又从蓱比沙王信中了解佛教基本义理，便自剃头被法衣作沙门。佛陀得知，便为说法，解释人无我，人身只是地水火风空心六者和合而有的假有，弗迦沙王当下觉悟，得阿那含果入灭。众比丘为之收葬起塔。
佛说须摩提长者经	经集部	佛陀借须摩提长者之死开示众人真正的生死观，及了断生死的方法。佛陀认为，行十恶、不敬三宝、不能行法、行于非法便会堕落轮回，才是真正的“死亡”；若能敬信三宝，奉行诸善，虽然肉身死亡但可永断轮回，得生净土。断灭生老病死轮回之苦的根本方法在断灭恩爱系恋之心，断绝贪欲、瞋恚、愚痴之想，离一切不善之法，增益无量清净之行，深谙诸法十二缘起。
佛说长者音悦经	经集部	佛陀以音悦长者先获四福，后尽失之，及其与外道不兰迦叶宿世因缘的故事，说明业报不灭的道理。
私呵昧经	经集部	佛陀在王舍国竹园中为私呵昧及其五百弟子，以及大比丘众一千二百五十人开示行菩萨行的步骤、方法、功德。未起菩萨意时便应行六事：依佛住；入正道不复还；内意自晓了；得善知识因自依；常有大愿；无怯弱心。起菩萨意时有六意喜：以得喜意不离佛；受决语入正道；做医王主治人生老病死；我作将，从生死脱人于五道；人作海中大船师主，度脱海流人；我在冥中作大明主，破坏愚痴。起菩萨意者得六功德休息：从地狱、禽兽、饿鬼勤苦中腾出；得脱于八难徙；得脱谛，不复入九十六种道；得度应仪各佛法；得在第一法器不复转；住佛严教，不断佛道。起菩萨意当向行六事：布施；持戒；忍辱；精进；一心；智慧。行此六度得六无所从生法忍：不计有身、人、寿、形、无有、常有。得一切智：身力、口力、意力、神足力、道力、慧力。由此得六法住：佛十种力；四无所畏；佛十八法不共；有大哀；一切无能见佛顶过生日；三十二大人之相。得一切智便可灭度。佛陀慈悲，留五分灭度，为众生说十二部经、四自归。五分指戒身、定身、智慧身、度脱身、度脱示现身。四自归指取要不取识、取泽不取识、取慧不取形、取正不取说。佛陀灭度以后有六种功德：一切众生皆得供养值得；人皆从三界得出；四辈弟子行福供养比丘僧；十二部经悉数遍布阎浮提内；边地及诸不解法者，无义理处上，及诸外道法于其中当兴盛；若有人闻佛所行、佛神足、佛变化、佛智慧、多起爱清净，恭敬起意，从是因缘，得生天上，人中受福。欲得上述一切功德，当以离眼、耳 、鼻、舌、身、意为谛。

续表

经名	部	主要内容
菩萨生地经	经集部	佛教在迦维罗卫国释氏精庐为差摩竭及五百比丘解释菩萨行以忍辱为本。忍有四事:骂詈者默而不报;挝捶者受而不恨;瞋恚者慈心向之;轻毁者不念其恶。此外又有四事行疾得佛:爱乐明经,好菩萨道,尽心护法,教诲于人;远离女人,不与从事;常好布施,沙门梵志;以不睡卧,心习空行。
五母子经	经集部	借一年仅八岁便得四神通的童子之口,说明形灭而神不灭的道理。
佛说七女经	经集部	佛陀在拘留国为婆罗门摩诃蜜及其七女、眷属讲述波罗奈国王机惟尼居士及其七位居士女儿的故事,说明何为美丑。机惟尼七女笃信佛教,观察尸体,由不净观发阿耨多罗三藐三菩提心,最终成佛,度广大众生。佛陀指出,世俗所谓美貌华服并不为美,发道心才为真美。婆罗门女及其眷属因此发阿耨多罗三藐三菩提心,得成罗汉道,须陀洹道。
佛说龙施女经	经集部	讲述少女不为小乘魔道所惑,不修罗汉道,坚行菩萨道,以求佛果的坚定道心。后化为男身,得作沙门。
佛说老女人经	经集部	记述佛以击鼓为例,为前来问道的老女人解释万法本空,皆因缘和合而生的道理。
佛说八师经	经集部	佛教开示外道以杀、盗、淫、妄、酒、老、病、死八事为师,信受正法,奉行五戒。特别需要注意的是,该经强调"清信士"需得"不杀、不盗、不淫、不欺,奉孝、不醉"。
佛说孙多耶致经	经集部	佛陀开示外道孙多耶致修行的正确方法,使之信奉正法的故事。外道孙多耶致自认每日三浴、啖果、饮水、不受人施的苦行,胜过沙门甘食、好衣、温蓐。佛陀教导他及沙门弟子,行二十一恶则秽乱自心,入三恶道。若能亲近佛法,严守戒律,便能练情灭欲,内外清净。如是则接受供养、甘食好衣无碍,且能使施者广中福田。只是简单苦行,不能祛除心垢,无益于解脱。孙多耶致于是受戒为沙门,信受正法。
佛说黑氏梵志经	经集部	外道迦罗(即黑氏)获四禅,成五神通,长于讲经,吸引释梵、四天王、鬼神、龙、阎罗王听讲。阎罗王告之迦罗他只剩七天寿命,因其临命终时,正值恶对,起嗔恚恨,意欲报复,将堕落地狱。迦罗于是惴惴不安,不能自胜。善神指点迦罗向佛陀求教。佛陀教其"放舍",即内放六入(即六根六尘),外舍六情。迦罗由是了悟不见吾我,则了心无的道理,得一切智。迦罗依佛陀出家,诸漏尽已,免得地狱,得根本解脱。
龙王兄弟经	经集部	目犍连尊者遵佛教命令,以神通降服二龙。

经名	部	主要内容
佛说法律三昧经	经集部	佛陀向弟子解释法律三昧的意义。所谓法律三昧指“剖决道意,释人根本慧德所入,分别弟子、各佛、菩萨学义所行,知谛知不谛大要”。法律三昧是佛教基本理念的总结。具体地说,学者首先不能轻慢人法,进而了悟人本、五阴本、六入本、十二缘起本及九十六种道本,了解四谛、弟子、各佛、菩萨、如来乃至外道、五通仙人等不同阶位成就者的具体德行,以之作为进学的标准。
佛说慧印三昧经	经集部	讲述大乘般若思想的经典。着重描述佛陀通过慧印三昧,所达到无念的境界。所谓慧印三昧即体认般若学所谓的非有非无、亦有亦无的诸法实相的方法。
了本生死经	经集部	根据道安的《经注序》此经原于汉末,支谦加以注解,道安便将之列为支谦译作。道安在《了本生死经序》中认此本经为佛陀初转法轮时所说四谛四信之要旨。其内容有四点:以内缘、外缘二缘为缘起之要素;开示因相缚、缘相缚;归纳内缘、外缘之起,皆需待非常、不断、不躇步、种不败亡、相像非故等五事之起;说十二因缘等。
贝多树下思维十二因缘经	经集部	佛陀讲述十二因缘。
佛说四愿经	经集部	佛陀开示为幼子早夭而痛苦不已的纯陀,人生有四种愿望不可常保。四愿是:人身;财禄;亲友;人意。修行者当知四愿为困苦之根本,拔除四愿方能得三善道——不复老;不复病;不复死。
惟日杂难经	经集部	主要解释佛、须陀洹、阿罗汉与菩萨功德之差别。特别说明在家何以能够成就菩萨行。菩萨的标准是“菩萨畏世间卅论,不犯故断世间事”;“菩萨断生死意,不断生死”;“菩萨但断五情不断意”。菩萨以布施、持戒、出家、智慧、精进、忍辱、至诚、勇、念善、顾望十事得佛智慧。“菩萨但禁恶,不禁家”,可以弃家也可以在家。“菩萨生贫家当持戒、在富家当布施,在豪当忍辱、在山中当禅。”菩萨有妻子不得佛道。然而菩萨娶妇四因缘:宿命同福;毕罪;应当共生男女;黠人娶妇疾得道。与妻子因缘了结便可成就。菩萨须布施,可以身委饿虎,断头与人,持妻子与人。佛为菩萨时有三行:布施、从制、从合聚。因外皮,菩萨还须忍辱、坐禅、行孝(事母)、行六波罗蜜等种种修行方能成佛。此经还述及各种不同因缘的修行者成就的经过。尤其提到女菩萨维摩罗达,说明女子亦能成就菩萨果位。

经名	部	主要内容
佛说三品弟子经	经集部	佛陀开示有上中下三等在家居士。其上等者能持五戒，以度人为本，求作菩萨。虽能持五戒、行六度，却终不能于其中得慧，不能成就菩萨行者，是为中等修行者。下等修行者，贡高我慢，障碍大道，断人法身慧命，谤师坏戒，欲以佛法谋财。
佛说孛经抄	经集部	“经抄”是一种比较特殊的佛经形式，它是从梵文本中摘译出的一个节译本。《佛说孛经抄》叙述佛陀建立祇树给孤独园的过程，及由此而引发外道嫉妒，受外道诬陷杀人，最终洗脱冤枉的整个事件。佛陀又讲述了过去世行菩萨道时，为外道之了，名为“孛”，佛陀描述孛的出身、出家，发心修行，刻苦精进的历程。佛陀详述了孛入世护世，做国师时遭谤诬陷，放弃国师位，并在后来慈念众生，还为国师，富国强国的经历，说明由来诽谤之生，皆由贪嫉。
佛说犊子经	经集部	佛陀有微恙，阿难尊者为佛陀求牛乳。母牛欲留一半牛乳予小牛，小牛听说阿难是为佛陀求乳，便将自己一半牛乳供养佛陀。佛陀为阿难说母牛与小牛宿世因缘，并说明其后世将成就罗汉果位，小牛当成就为乳光如来。
佛说无量门微密持经	密教部	此经据说是最早传入中国的密教经典，在中国极受重视，从汉末到唐代中后期，先后出现过十六个译本。该经主要宣传陀罗尼的巨大功效，认为进入中道正观最有效的方法就是念诵陀罗尼，因为陀罗尼总持法中已经蕴含有“一切诸佛，一切法诸功德藏”，只要掌握它，就能发挥出种种奇妙的功用。该经还讲述了陀罗尼的具体应用和持陀罗尼而获得种种利益的故事，介绍入陀罗尼门的必要条件，如入八字义、不断持诵、身咒合一，勤行正法。
摩登伽经	密教部	舍卫国有栴陀罗种姓女，爱慕阿难尊者，逼迫其母以法术迷惑阿难尊者，希望嫁尊者为妻。佛陀教阿难尊者咒语，助其摆脱栴陀罗女母之法术，并以婚姻为方便度栴陀罗女出家为比丘尼，使之虔信正法。婆罗门长者认为栴陀罗女种姓低下，不配与四众同修梵行，同受供养。此事传到波斯匿王那里，王亦大为惊愕，带人前往佛陀及弟子所居的祇洹林。佛陀为众人解释栴陀罗女的累世因缘，说明四种姓间并无差别，无有贵贱之分，众生平等，依业力而生，尊贵者为恶犹为下贱，卑贱者为善更胜尊贵，不应妄起嗔恚之心。此外，此经还记录了以印度教为基础的印度种姓制度、天文学、占星术等方面的知识。

续表

经名	部	主要内容
佛说持名神咒经	密教部	无量华世界邓尊五如来遣无量光明、大光明菩萨至舍卫国祇树给孤独园向佛陀及弟子宣说持句神咒。佛陀向弟子解释持诵此咒,可避除凶害,令众生安稳。
佛说华积陀罗尼神咒经	密教部	佛陀在阿耨达池龙王宫中教导狮子威菩萨等大比丘五百人、菩萨一千人供养功德不如发菩提心,随其因缘而得解脱,并向众人宣说华积陀罗尼神咒。诵持此咒,能明了一切闻见,能了悟一切经教,精通一切技艺,了得一切三昧,深得清净,明了四谛无上法轮。
佛说戒消灭经	律部	此经描述外道受持五戒,受善神庇佑,恶鬼退避。有为恶鬼所迫之妇,闻听三皈五戒,当下受持,便得解脱恶鬼。

三、支谦译经特点

在支谦的时代,中原与西域的交往已经极为频繁,可以想见当时中土译经可以得到的梵文底本应该不在少数,这使得不同立场的翻译者可以根据自己的倾向有选择性地翻译他们认为最为必要的经典。相较于东汉译经,这是一个巨大进步。

支谦所译经典最为突出而基本的特点就是对大乘佛教的推崇。这是我们讨论支谦译经特点的根本前提。

大乘佛教大约于公元前1世纪兴起于印度,目前学界认为大乘佛教的兴起与部派佛教中的“大众部”关系较为直接,但也不是简单的继承关系。大乘佛教兴起之后,部派佛教仍然存在和发展。大乘佛教先后出现了中观、瑜伽行派和密宗三大系统主。早期大乘佛教有如下特点。首先,强调大乘佛教在家、出家一贯的原则。小乘佛教是主张出世的佛教,他们认为不出家修行,严守僧律,便不得解脱。而大乘佛教运动原本便兴起于在家者中,强调出家与在家的共通之数。初期的大乘佛教,出家菩萨没有自己的戒律,在菩萨所修的六波罗蜜中,没有明显区别在家、出家的要求。这一点从支谦的译作中得以充分体现。其次,大乘佛教对愚者、弱者、乃至恶者皆不遗漏。“乘”是运载之义,所谓大乘就是说一辆大车,一艘大船,运载一切众生到达彼岸。与小乘相比,大乘不排除接引弱者、恶者的易行之道。第三,大乘以作菩萨、成佛为目的,主张佛身论。小乘佛教比较重“法”，佛陀是说法的“导师”，对于“佛”这个概念没有特别展开。而大乘佛教中的佛陀是一位救度者，他的“救度力”被强调，需要解释佛如何产生救度能力，及如何实现救度等问题，于是对佛身的讨论成为大乘佛教的重要内容。随着大乘佛教的发展，佛陀的本质及其神通的产生根据被深入探究，直至产生法身、报身、应身等佛身论。支谦大量的译作涉及本生、本缘故事，反映了大乘的这一特点。但由于此时大乘佛教尚未完全充分发展，此时的重点仅在讨论佛的神通之上。第四，大乘佛教菩萨行的基本修行内容是“六度”，即“六波罗蜜”——布施、持戒、忍辱、精进、禅定、般若。我们可以看到，支谦的翻译特别重视“布施”。布施分三种：财施、法施、无畏施。财施指以财物施与他人，使其安乐；法施指为众生学说佛法，使其开悟；无畏施指入世救苦救难，使众生脱离苦海。在支谦翻译的佛经中，可以看到许多有关通过布施得到解脱的本缘故事。此外，他讲持戒多讲持五戒，即对在家修行者的基本要求。

具体地说，支谦所译经典还表现出以下几个突出特点：

首先，支谦对大乘小乘之别有了明显意识。支谦的翻译比较重视大乘经典，兼顾小乘经典（主要是阿含部经典）。他翻译的《佛说龙施女经》中还记录了龙女不为小乘所诱，坚持大乘信仰，而最终成佛的故事。表现了大乘兴起之初，大小乘之间的激烈斗争，同时也传递了支谦的大乘信仰。

支谦所翻译的小乘经典数量以本缘部经典为最。本缘部的经典，大多为原始佛教的经典。这些经典的篇幅一般比较短，故事性极强、内容多牵涉到佛陀本生及历劫故事，叙述佛陀及亲传弟子的修行生活，主要描述佛陀的慈悲与神通，又多记录佛陀以种种方便摧折、度化外道、使外道皈依佛教。这是当时信仰者的需要，同时也是传教、吸引信众的有效手段。这些经典很多是从佛教信仰者的视角出发，将原始佛教发展过程中确史神化的结果，反映了原始佛教发展的一些真实，不能完全当作神话来看。笔者认为支谦刻意加强了对原本的选择，尽量避免介绍小乘佛教的学说和观点，而着重介绍大、小乘皆能接受的佛本生故事，这种做法也是反映了其抑小乘而扬大乘的用意的。

其次，支谦非常注意对佛教基本教义（十二因缘等）的阐发和对外教的批驳。他试图通过对佛教基本教义的推介，使得当时的中国人了解佛教，笔者认为他这样做主要是为了解决当时中国人对佛教基础知识知之不深的弊病，其中也有包含将佛教从道教阴影中剥离出来的目的。这是中国佛教发展早期的现实需要。支谦所译的此类经典有《佛说法律三昧经》。

破除外道是佛教在印度和中国都必须面对的问题，支谦生活于佛教在中国发展早期，佛教虽无在印度本土的敌人，但其作为外来思想，在中土的发展仍然受到多方问难。支谦的此类译作，有很明显的辩难、启发意味。他所译的《梵网六十二见经》就是系统破除外道思想的重要经典。

第三，支谦翻译的佛经有明显的针对性。在早期佛教中，在家修行的居士地位比较低。支谦本身是优婆塞的身份，这使得他天然地关心居士修行生活的方方面面。此外，囿于儒家传统下以伦理为中心的社会道德规范体系，一般中国人出家修行的阻碍和困难极大，士大夫阶层成员受到社会和家族的双重限制，出家修行的可能就更少，不克服这一问题，佛教就很难“征服”当时的中国。支谦翻译的许多经典描述都是佛陀时代在家居士的生活、修行与成就，其鼓励士大夫阶层修行的目的表达得十分清楚。这类经典中最具代表性的就是《维摩诘经》。

经中所描述的维摩诘居士一方面过着世俗、富裕的长者生活，他的生活环境和方式都具有贵族的一般特性；另一方面，他的精神生活则是彻底的出世间思想，其境界远在一般出家声闻众之上。他认为只要“发阿耨多罗三藐三菩提心，即是出家，即是具足”。也就是说，“出家”“不出家”并不能作为能否得佛法的必要条件，达到解脱不一定过严格的出家修行生活；关键在于主观修养，在于发愿求取佛智。如果能够“示有资生而恒观无常，实无所贪；示有妻妾采女，而常远离五欲淤泥”，即便在家，一样可以“通达佛道”。他认为这才是真正的菩萨行。出世和入世间的两重性格在其身上得到最完美的统一。由于该经表现出了强烈的肯定现实、肯定人生的意义，从而大大冲淡了佛教固有的悲观厌世的色彩，而与中国传统儒家思想中积极入世的人生观相调和。经中与之相关的另一主要内容是强调“发心”，即“发菩提心”。提出“心净则佛土净”的口号，肯定个人向善的愿望，强调“自力”，肯定个人成就佛道的主观能动力的无限性。这实际上也批评了小乘佛教主张必须出家才能解脱的观点。《维摩诘经》之所以能够与儒家所倡导的入世观念融为一体的根本原因:打破了出世与入世之间的界限、基于“空”的平等观,肯定菩萨“在世”的居士佛教思想。

此外,支谦所译的《菩萨本缘经》中所讲述的三位菩萨的前世都是在家官宰,世俗的生活并没有影响他们的成就。此经虽不如《维摩诘经》那么有名,但其肯定在家修行的思想,如出一辙。特别需要注意的是此经的“一切持王子品第三”,该品讲述一切持王子常行布施。臣子对王子的行为多有反对。国王有一头白象,能够降伏敌国。敌国国王便派人化妆成苦行婆罗门向王子乞求白象。王子不顾白象为父亲所有,布施于他。国王告诫王子,不应“挑其右目以治左眼”,“夫为人法,先安其亲,然后乃当及余他人”。[①]国王对王子的训诫与儒家亲亲的伦理思想极为契合,这对扫清士大夫阶层信仰佛教的伦理障碍有着重大作用。

类似的经典还有《惟日杂难经》中指出“菩萨但禁恶,不禁家”[②]。《佛说菩萨本业经》,此经认为在家出家皆可依条件的不同进行不同的修行,并提供了具体的修行要领。《明月菩萨经》中就鼓励在家修行当与出家无二,行布施、发大愿便可成就佛道。

第四,支谦译作对中国佛教戒律系统的完善作出了基础而突出的贡献。

如前文所述,中国佛教戒律的完善始于三国时代。除昙柯迦罗所传四分律,主要针对出家僧众外,特别值得一提的是支谦针对士大夫居士的现实需求多说五戒。他翻译很多宣扬五戒的经典,如《释摩男本四子经》《赖吒和罗经》等。

有意思的是,支谦不惜故意改动经典,在五戒中加入儒家的内容,以吸引士大夫信徒。支谦在所译的《佛说戒消灾经》中将五戒译作:“一曰慈仁不杀;二曰清信不盗;三曰守贞不淫;四曰口无妄言;五曰孝顺不醉。”[③]在《佛说八师经》中,佛陀开示外道以杀、盗、淫、妄、酒、老、病、死八事为师,信受正法,奉行五戒。特别需要注意的是,该经强调“清信士”(即居

① 《菩萨本缘经》,《大正藏》第3册,第56页中。

② 《惟日杂难经》,《大正藏》第17册,第606页下。

③ 《佛说戒消灾经》,《大正藏》第24册,第945页上。

士)需得“不杀、不盗、不淫、不欺,奉孝、不醉”。五戒所谓杀盗淫妄酒俱足,其中奉孝显然是支谦为了迎合中国传统思想所夹带的私货。支谦所译的《佛说末生冤经》中直言“佛说经云:夫善之极者,莫大于孝;恶之大者,其唯害亲乎!”[1]

支谦翻译《斋经》记录在家修行者于六斋日奉持八关斋戒的内容,并说明受斋之日当习之五念,如此如法奉持八关斋戒必得种种不可思议广大功德。

支谦没有译出完整严格的戒本,但他对这方面内容也没有完全忽视,他所译的《七知经》就是佛陀认为一个合格比丘所须具备的七个基本条件。这类经典的译出,应当是适应当时日渐增多的出家人的基本需求的。

由于此时中国佛教发展得还不充分,没有对僧团制度的相关戒律要求,所以此时译经家们的主要着眼点还局限修行者个人的戒律需求。纵观中国佛教史,到差不多3世纪中期,佛教逐渐发展起来,佛寺日渐增多,来华印度僧人才逐渐开始翻译寺院制度的相关经典,满足寺院佛教的需求。直到4、5世纪佛教寺院才大量兴起,成书于公元547年的《洛阳伽蓝记》记录了东魏故都洛阳佛寺林立的盛况,就是当时佛教兴盛的缩影(图12)。

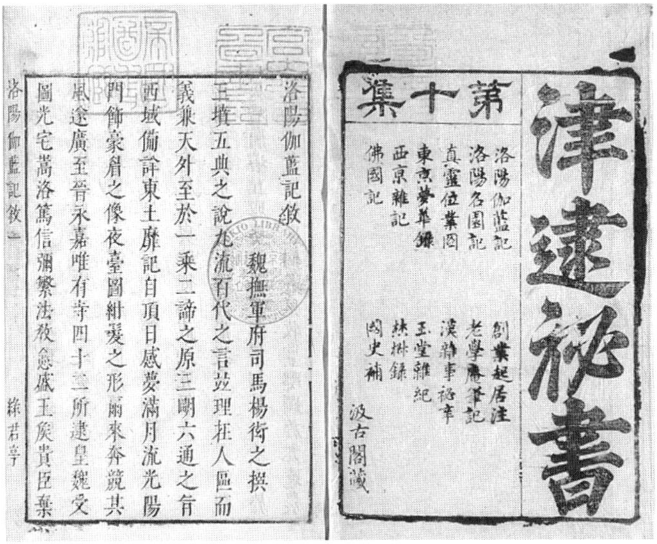

津逮秘書

第十集

洛陽伽藍記
洛陽名園記
真靈位業圖
東京夢華錄
西京雜記
佛國記
創業起居注
老學庵筆記
漢雜事秘辛
玉堂雜紀
國史補

汲古閣藏

洛陽伽藍記敘
魏撫軍府司馬楊衒之撰
三墳五典之說九流百代之言竝理在人區而
義兼天外至於一乘二諦之原三明六通之旨
西域備詳東土靡記自頂日感夢滿月流光陽
門飾豪眉之像夜臺圖紺髮之形爾來奔競其
風遂廣至晉永嘉唯有寺四十二所逮皇魏受
圖光宅嵩洛篤信彌繁法教愈盛王侯貴臣棄

洛陽伽藍記敘 一
綠君亭

图12 《洛阳伽蓝记》明代汲古阁津逮秘书刻本书影

① 《佛说末生冤经》,《大正藏》第14册,第775页上。

第五，关注世俗生活。支谦所译经典中，不乏对日常生活所必须面对的一些问题的指导。比如《佛说须摩提长者经》《佛说四愿经》等经典中，多谈及人们面对死亡时候的无助、恐惧和痛苦，以及佛教如何帮助人们摆脱这种现实问题。这说明，支谦已经意识到佛教若想在中土传播必须解决人们日常生活很难理解或接受又不得不面对的问题。这种切近现实生活的视角是佛教一直以来主张方便说法的延续，也是佛教最终能在中国开花结果的重要原因之一。

除了从原理上解释生老病死的外因之外，支谦也给出了救赎痛苦的方法。支谦译出的许多经典如《菩萨本缘经》《月明菩萨经》都强调布施。"布施"是大乘菩萨行的六度之一，内涵丰富，主要包括财布施、法布施、无畏布施三种。支谦所译佛典多涉及财布施，如其所译《佛说犊子经》即说母牛将牛奶一半布施给佛陀、一半留给自己的牛犊，而牛犊将自己一半牛奶布施给佛陀，母牛和小牛因而成就圣道的故事。这当也与当时佛教在扩张过程中，对人力财力的大量需求有关。

第六，支谦继承了支谶一系的大乘观念，对大乘菩萨行极为推崇。

当时的佛教应当在知识阶层已经有了相当的传播，但是佛教离家舍业、不问世务的做法与中国传统思想分歧极大，这妨碍了当时社会对佛教的接受。包括支谦在内的早期佛教徒在当时就已经注意到佛教教义与中国传统思想的抵牾之处，因而他们力图以方便说法争取信众，并为在家信众提供具体修行方法和修行的目标——菩萨，并且承诺最终可借由菩萨行成就佛道。

在支谦所译的《私呵昧经》《佛说法律三昧经》《惟日杂难经》中，详细地解说了菩萨道的阶次、功德、标准，提供了修养的具体方法和步骤。在中国佛教史上第一次比较全面地勾勒出大乘菩萨修行理论体系的整体结构。

支谦所翻译的很多经典都记录了菩萨的本缘故事，并且介绍了在家修行者成就菩萨果位的经历，说明了菩萨修道的阶次。《佛说三品弟子经》讲述上中下三等在家居士。其上等者能持五戒，以度人为本，求作菩萨。虽能持五戒、行六度，却终不能于其中得慧，不能成就菩萨行者，是为中等修行者。下等修行者，贡高我慢，障碍大道，断人法身慧命，谤师坏戒，欲以佛法谋财。

通过支谦的翻译，可见支谦对女性信仰者也投以相当关注。支谦翻译了《惟日杂难经》《佛说龙施女经》《佛说七女经》《须摩提女经》《撰集百缘经·比丘尼品》《摩登伽经》等都记述了女众成就菩萨果位的故事，《斋经》所讲八关斋戒也是对信女所讲。这是大乘佛教较之小乘的重要进步。相对来说，支谦所译的针对女众信仰需求的经典并不算少，笔者认为，由此应当可以推断，当时的佛教很有可能已争取到了一定数量的、有一定社会地位的女性信仰者。这些女性信仰者，应当出身于士大夫家族，有一定文化修养，因此才有条件、有能力产生对经典的需要。

第七，支谦重视对大乘空宗思想的解释说明。

支谦对于大乘般若学的介绍，主要体现在《大明度经》中。此经是支谦对师祖支谶所译《道行般若经》的异译，宣扬般若学"自性空"的思想，阐明般若波罗蜜之法，并叙及其受持之功德。此经虽然讲空较多，但也对般若学的假有很重视，这体现在它对般若方便的论述。般若智就是空的智慧，直观全体事物现象，而方便智则区分现象界差别象是度众生的手段。方便就是用般若思想去观察和处理世间的问题，从而适应世俗社会，它是沟通世间和出世间的纽带，是非常成熟的智慧。《大明度经》在最后几品中讲到了佛的化现、佛的存在，这说明在早期的般若经典里有着对佛身的论述的，尽管不多，也为以后佛教真常论思想的发展打下了基础。另外，此经中甚至还提到了后来成熟的般若学中说到的中道思想。

第二节　支谦所译重要经典简介

一、《维摩诘经》

《维摩诘经》是支谦所有译作中，影响最大、流传最广的作品。此经的翻译背景前文已详述，在此不复赘言。这时着重介绍一下《维摩诘经》的情况。

根据宋代智圆《维摩经略疏垂裕记》记录，《维摩诘经》前后有六种译本。[1]唐代费长房《历代三宝纪》录东晋衹多蜜译四卷《维摩诘经》。[2]而现在能够见到的仅有三种汉文译本，皆被收入新修大正藏第十四册：

1. 支谦译《佛说维摩诘经》二卷，计十四品。

2. 《维摩诘所说经》三卷，十四品，姚秦，鸠摩罗什译。

3. 《说无垢称经》六卷，十四品，唐玄奘译。

佚失的四种译本分别是：

1. 《古维摩经》一卷（此依智圆说，今演培法师则说有二卷），东汉灵帝中平五年（公元188年），严佛调首译。

2. 《毗摩罗诘经》三卷，西晋惠帝元康元年（公元291年），竺叔兰译。

3. 《维摩诘所说法门经》一卷，西晋惠帝太安二年（公元303年）竺法护译。

4. 《维摩诘经》四卷，东晋（具体年代不详）衹多蜜译。

通行的译本是鸠摩罗什的本子。历代对《维摩诘经》注疏很多，在诸经的注疏中仅次于《金刚般若波罗蜜经》的注疏本。后代注疏本多依什译《维摩诘所说经》，唯有唐代窥基法师依玄奘译本，其中最主要注疏多出自南北朝、隋唐间佛门巨擘之手，如僧肇、慧远、智顗、吉藏等历代大师。

支谦的译本历代诸译中的第二译，又称《不可思议法门之称》及《佛法普入道门三昧经》，支谦本也是目前此经现存最早的译本，共上、下二卷，计十四品。此本文字较为质朴，一些词的译法尚未固定下来，如此本所使用的“人民”“人物”等词后来译为“众生”或者“有情”。此本与什译本经意脉络大致相同，唯有二处略有差别。其一，支谦本把舍利弗念座一段，归入“诸法言品”第五品末，也就是什译本及奘译本的“问疾品”。什译本及奘译本，此段皆归于“不思议品”第六品首。从文意上看，归于第六品似乎更为合理。其二“不二法门品”第九品中诸大菩萨广说不二法门至文殊师利处，便戛然而止，并无维摩诘默然、文殊赞叹一事，考现存的什译本、及奘译本皆有此事。不知是所依梵本不同还是流传过程中散佚。

如前文所述，《维摩诘经》是大乘佛教的重要经典之一，它在中国广受关注是因为维摩诘的居士身份及不可思议之成就迎合了传统中国政治文

① 《维摩经略疏垂裕记》卷一，《大正藏》第38册，第715页中。

② 《历代三宝纪》卷七，《大正藏》第49册，第71页下。

化背景下不可能出家修行的士大夫阶层信仰者的信仰需求。全经的中心人物维摩诘,为梵文Vimaiakirti的音译,另译为“毗摩罗诘”等,略称“维摩”。意译为“净名”,唐玄奘则译为“无垢”。本为吠舍离(一译毗耶离)城的富有居士。他深通大乘佛法,极善于应机化导,是大乘佛教所塑造的在家菩萨的典型,同时也为佛典中现身说法、辩才无碍的代表人物。

此经序分即“佛国品”,以佛陀为主角,描述佛在毗耶庵罗树国向比丘、菩萨、天人说法,传授“菩萨以意净故,得佛国净”的道理。也就是说世界的净与不净,全因众生的心而转移;是秽土还是佛国,也因众生的心而变化。随后,《维摩诘经》中讲法的主角转到了居士维摩诘,表明这部经的主要内容实际上并非佛陀所说,而是一个在家的“菩萨”。接下来的“善权品”“弟子品”“菩萨品”“诸法言品”,共同讲述了一个居士有疾、菩萨问病的故事:为了宣扬“无常”这一义理,维摩诘故意称病在家。释迦牟尼佛得知此消息后,遣弟子前往探视。因维摩诘极具辩才,而舍利弗等人曾败在他手下。舍利弗等弟子们皆不敢去,最后,佛陀只得命文殊师利菩萨前往。于是,维摩诘遂与文殊反复论说佛法。维摩诘思辩超群、宏论迭出,于是诸大菩萨弟子、天王和帝释纷纷前往探疾。维摩诘遂借机讲述佛教宗旨,宣传大乘般若思想,批评小乘的片面性。“般若空观”是《维摩诘经》的基本思想,中国佛教对之评价极高,称之为“弹偏斥小”“叹大褒圆”的经典之作。

第九品“不二入品”也是《维摩诘经》的重要章节。此品通过诸多探病菩萨之口解释什么叫做“不二”。最后借文殊师利菩萨之口总结“如彼所言,皆各建行。于一切法如,无所取、无度、无得、无思、无知、无见、无闻,是谓不二入”。即摒除对待一切现象的是非善恶的差别境界,于万法都不起分别贪爱之心。也就是强调泯灭差别性,将万物等同视之。这样一来,小乘佛教树立于涅槃与世间的绝对化界限,被彻底地打破了,修行者就可以自如在法界中流转,这便是《维摩诘经》最为有力的“弹偏斥小”之作。这种绝对取消差别性的观点对促进中国思想史上辨证思维的发展也起到了重要的作用,后来的玄学在有无问题上争论,很明显受到了此经的启发。此外,《维摩诘经》认为,入不二法门的最高境界是“无有文字语言”,认为最高深的佛法真理是无法用语言表达的,要求人们去努力体会追求。后世禅宗的“不立文字”的观念，显然受到《维摩诘经》的影响。

后面的“香积佛品”“菩萨行品”“见阿閦佛品”，故事的空间设定又回到了庵罗树国，弟子共同听闻佛法，明了维摩诘居士的本缘。在述事结构上，故事的结构十分完整。需要我们特别注意的是最后一品是阿閦佛及阿閦佛净土的出场。[①]这标志着大乘佛身以及净土理论的发展。小乘佛教只承认释迦牟尼佛的生身为佛身。但释迦牟尼成佛之后，同样要入灭，那么成佛的意义何在？小乘佛典中于是提出肉身灭、法身不灭的说法。后来大乘佛教对佛身理论作进一步发挥，指出当年成佛的释迦牟尼只不过是“从本垂迹”倒驾慈航的应化身，他在无量劫前早已成佛。在大乘经典中，有时说为一法身；有时说有二身，即常住身与方便应化身，或生身与法身。一般皆说三身，即法身、报身、应身，但不同经典中名称各有不同。《华严经》《心地观经》等更有六身、十身等说法。与之相联系，佛的不同佛身会因不同的愿力生成不同净土。所谓净土是指清净国土、庄严刹土，也就是清净功德所在的庄严的处所。是诸佛菩萨为度化一切众生，在因地发广大本愿力所成就者。因为有十方三世一切诸佛菩萨，因此也就有十方无量的净土。例如弥勒净土、弥陀净土、药师净土、华藏净土、维摩净土。大乘佛身思想及净土观念的出现，瓦解了原始佛教、小乘佛教时期世俗与超期、现实与解脱、凡人与佛陀的绝对两分观念，这样一来打通了一般修行者通过努力，成就菩萨乃至佛果的理论通道。此后的中国佛教一起沿着这个方向发展，到唐末密宗甚至出现了即身成佛，即不须改变现在的肉体，能够成为正知正觉佛的理论。

《维摩诘经》一经译出，很快成为中国佛教中受到最广泛关注的经典之一，两晋南北朝时期多个译本的出现就是证明。随之而起，维摩诘信仰也很快流行起来。维摩诘居士迅速成为中国传统人物画的热门题材。

东晋时建康瓦官寺北小殿内就供奉有画圣顾恺之所画的维摩诘像，号为“瓦官三绝”之首。唐代张彦远《历代名画记》中记述了顾恺之作画的具体过程和画成之后万众竞瞻仰的盛况：

---

① 《佛说阿閦佛经》中说阿閦佛为菩萨时，在大目如来（或译为广目如来）前发“于一切人民蜎飞蠕动之类不生嗔恚”等誓愿，经过累劫的修行，终于在东方的阿比罗提（妙喜）世界七宝树下成佛，佛刹名为“妙喜”。由于阿閦佛的愿力所感，佛刹中没有三恶道，大地平正柔软，一切人都行善事，环境极其殊胜。

"长康双曾于瓦棺寺北小殿，画维摩诘。画旋，光彩耀目数日。《京师寺记》云：兴宁中，瓦棺寺初置。僧众设会，请朝贤鸣刹注疏。其时，士大夫莫有过十万者。既至，长康直打刹注百万。长康素贫，众以为大言。后士众请勾疏，长康曰宜备一壁，遂闭户往来一月余。日所来维摩诘一躯工毕，将欲点眸子，乃谓寺僧曰：'第一日观者请施十万，第二日可五万，第三日可任例责施。'及开户光照，一寺施者填咽，俄而得百万钱。"

顾恺之的维摩诘像至宋犹存，杜牧、苏颂请画工临摹过。这段记载在中国绘画史广为流传，当然旨在渲染顾恺之的神技，但我们仍可通过这段传奇看出当时维摩诘信仰之盛。顾恺之之所以选取维摩诘这一体裁，就是因为维摩诘居士在士大夫群体中的极高号召力。许多士大夫不惜十万金，求一瞻仰，顷刻之间便为瓦官寺募得供养百万。

敦煌莫高窟中，以《维摩诘经》为题材的说经图共计有六十余幅，其中以第二二〇窟北壁为佳。该《维摩诘说经》壁画，亦称《金粟影》，描述了维摩诘坐于床上，面容清瘦，左手扶膝，右手执玉麈，双目炯炯有神，思辩神荡。文殊师利对面而坐，似有辩难服输又不甘失败。两人像下，为一群侍臣拥护着不可一世的帝王和臣子，他们的形态各异，栩栩如生。图中的维摩诘无论面貌、衣饰、神态、动作都俨然是一位清谈中的玄学家，由此可见维摩诘居士在士大夫阶层中受欢迎的程度。该画后来被视为阎立本《帝王图》的母本。北宋也有据《维摩诘经》的情节绘制的《白描维摩诘说教图》(图 13)。

唐代以后，《维摩诘经》从贵族阶层扩散到了民间。此经也是唐代时出现的佛经变文和俗讲热门对象。变文及俗讲是民间流行的一种说唱文学形式，原是佛门为传其教义、吸引民众，而把经典中的许多故事加以丰富和展开，使大众易于理解接受。敦煌文献中共有八卷七种《维摩诘经讲经文》，它们对原经文的内容和形式，都做了一些有利于民间接受世俗化的改动，增添了很多细节，出现了许多当时的方言俗语。这种改动无疑是为了迎合文化修养不高的普通民众的精神需求。人们在世俗的娱乐中不知不觉地熟悉、接受了大乘佛学的深刻理论。

多样的艺术性表达方式生动反映了《维摩诘经》受欢迎的热烈程度。

图13　宋绢本白描维摩诘像

二、《大明度经》

《大明度经》是支谦所译经典中非常重要的一部，他是支谶《道行般若经》的异译本。在鸠摩罗什的《小品般若波罗蜜经》译出之前，《大明度经》广为流传，是当时士大夫阶层了解般若的最重要文本。此外，从翻译学的视角看，《大明度经》所使用的词汇和句式，较之更早期的佛典译本已经有了很大的进步，可以将之作为中国佛经翻译进化过程的样本加以考察。本部分将简要说明《大明度经》的特点和内容。

《大明度经》又名《大明度无级经》。大明，即摩诃般若之意译；度无极，即波罗蜜之意译。共四卷，三十品。此经是小品般若经的第二个汉译本。

小品般若实际是《大般若经》的第四会，在中国译出较早。比较重要的版本有以下几种：

1. 汉灵帝时，支娄迦谶译两个版本，分别为《道行经》一卷、《道行般若经》十卷，目前存十卷本。

2. 支谦译《大明度经》四卷。

3. 法护译《须菩提品经》七卷，道安认为此本是支谶译本所使用底本的异译。

4. 前秦昙摩蜱与竺佛念合译《摩诃般若波罗蜜钞经》五卷。

5. 后秦鸠摩罗什所译之《小品般若波罗蜜经》十卷。这个本子是中国流传的通行本。

6. 唐代玄奘所译《大般若经》第四会、第五会中的部分内容也是此经的内容。

此经是大乘佛教最初期说般若空观之基础经典之一。其内容阐释菩萨之般若波罗蜜、菩萨之诸法无受三昧、菩萨摩诃萨及大乘之意义，又详举般若波罗蜜与五蕴之关系、受持修习般若波罗蜜之功德，与诸法空无所得、空三昧等之理。

《大明度经》记述佛在王舍国其鸡山（即耆阇崛山）与弟子们的对答，以及须菩提和舍利佛之间的相互问难，在这个过程中提示了从五蕴皆空到一切法如梦幻不可得，到如何行般若波罗蜜，如何回向阿若多罗三藐三菩提即无上正等正觉的步骤和方法。

道安对此经的评价颇高，他在《道行经序》中写道："且其经也，进咨第一义以为语端，追述权便以为谈首行无细而不历，数无微而不极，言似烦而各有宗，义似重而各有主。琐见者庆其迩教而悦寤，宏哲者望其远标而绝息，陟者弥高而不能阶，涉者弥深而不能测，谋者虑不能规，寻者度不能暨。"但他对支谶的译本并不满意，"佛泥洹后，外国高士抄九十章为道行品，桓灵之世朔佛赍诣京师，译为汉文，因本顺旨，转音如已，敬顺圣言，了不加饰也。然经既抄撮合成章指，音殊俗异，译人口传，自非三达胡能一一得本缘故乎？由是道行颇有首尾隐者”[1]。这个译本的问题主要是过于重视原文，很多词汇没有合适的汉译，只是简单地进行了音译，使不明白梵语的读者不能理解文意。支谦对支谶的改译大概也主要出于这个原因。

支谦本的《大明度经》中基本不见费解的音译词，语言流畅典雅。但支谦本的问题在于当时诸多佛学名相的译法还没有固定下来，他所使用的意译词对今天的读者也显得颇为费解，如须菩提和舍利佛的名字都被音译成“善业”和“秋露子”言辞虽雅，但是仍有阅读上的障碍。为方便读者，本书介绍此经时，采用什译《小品般若波罗蜜经》为依据。

作为大乘佛教的基本经典，此经的旨归在于求成菩萨。所以经本开宗明义地指出“菩萨行般若波罗蜜时，应如是学，不念是菩萨心。所以者何？是心非心，心相本净故”。所谓“非心”即不分别心，所以无分别，在于无法所住。菩萨行般若波罗蜜时，不应色中住，不应受、想、行、识中住。所谓住即是执为实有，不住五蕴即是看到其虚妄不实，但是也绝非离五蕴的恶有空，“般若波罗蜜不应色中求，不应受、想、行、识中求；亦不离色求，亦不离受、想、行、识求。何以故？色非般若波罗蜜，离色亦非般若波罗蜜；受、想、行、识非般若波罗蜜，离受、想、行、识亦非般若波罗蜜”。需要在万法中即色即空，即色而离色，达到认识论层面的“空”。“幻人色是无缚无解，幻人受、想、行、识是无缚无解，无所有故无缚无解，离故无缚无解，无我不欲令无生法有所得。何以故？无生法不可得故。”在认识上达到对空的正确理解之后，“我说众生如幻如梦，须陀洹果亦如幻如梦，斯陀含果、阿那含果、阿罗汉果、辟支佛道亦如幻如梦”。但不执一法亦不妨万法生，“般若波罗蜜示五阴，不坏相。何以故？须菩提，空是不坏相，无相无作是不坏相，般若波罗蜜如是示世间……五阴如即是世间如，五阴如即是一切法如……如是，须菩提，般若波罗蜜，示诸佛世间，能生诸佛。诸佛知世间如，如实得是如故，名为如来”。“是诸法相不系、不缚、不解、不脱，以是回向阿耨多罗三藐三菩提，不生不灭故，须菩提，是名菩萨最大、最胜、最上、最妙随喜回向。”所谓无相无空无不空，即是般若，即是如来真实

① 《出三藏记集》卷七，《大正藏》第55册，第47页。

相。法界本是生机无限，一切的显现皆以阿耨多罗三藐三菩提（无上正等正觉、一心）为源头，心生万法，万法归一。法性唯一，无二无三。“若菩萨如是行，则不行色，不行受、想、行、识。若菩萨如是行者，一切世间天、人、阿修罗不能降伏。世尊，菩萨如是行智，胜一切声闻、辟支佛所行，住无胜处故。世尊，无胜菩萨昼夜行是应般若波罗蜜念，近于阿耨多罗三藐三菩提，疾得阿耨多罗三藐三菩提……菩萨成就二法，恶魔不能坏。何等二？一者观一切法空；二者不舍一切众生”，只有了悟般若才能得正等正觉。得正等正觉不是做自了汉，必须不舍众生，大乘菩萨精神于此显扬无遗。但对此，仍然不忘反复叮咛：菩萨所念的众生亦非众生，“众生非法义，亦非非法义，但有假名。是名字无本无因，强为立名，名为众生”。时刻不能忘记般若智慧的真实含义。“菩萨如是学者，不学须陀洹果、斯陀含果、阿那含果、阿罗汉果、辟支佛道。若不学是地，是名学佛法、学萨婆若。若学佛法、学萨婆若，则学无量无边佛法。若学无量无边佛法者，不为增减色学，不为增减受、想、行、识学；不为受色学，不为受受、想、行、识学。是人于法无所取无所灭故学。”如此才能够依般若智慧，“信解一切法无生，而未得无生法忍；信解一切法空，而于阿毗跋致（不退转）地中未得自在；能行一切法寂灭相，而未入阿毗跋致地。须菩提，菩萨如是行者，诸佛说法时亦皆称扬赞叹。未得阿毗跋致而为诸佛说法时称扬赞叹者，则离声闻、辟支佛地，近于佛地，必得阿耨多罗三藐三菩提记。须菩提，若菩萨行般若波罗蜜，诸佛说法时称扬赞叹者，当知是菩萨必至阿毗跋致”。

此经虽然讲空较多，但也对般若学的假有很重视，这体现在它对般若方便的论述。般若智就是空的智慧，直观全体事物现象，而方便智则区分现象界差别象是度众生的手段。方便就是用般若思想去观察和处理世间的问题，从而适应世俗社会，它是沟通世间和出世间的纽带，是非常成熟的智慧。《大明度经》在最后几品中讲到了佛的化现、佛的存在，这说明在早期的般若经典里有着对佛身的论述的，尽管不多，也为以后佛教真常论思想的发展打下了基础（图 14）。另外，此经中甚至还提到了后来成熟的般若学中说到的中道思想。

《大明度经》对魏晋时期的中国学者、僧人影响较大。在罗什的般若学中观论典未译出以前，中国学者大多是通过此经中对般若思想的解说

大明度無極經卷第一 第二同卷
吳月支優婆塞支謙譯
上行品第一
聞如是一時佛遊於王舍國其雞山與大比丘衆不
可計弟子善業第一及大衆菩薩無央數敬首爲上
首是時十五齋日月滿佛請賢者善業此衆菩薩集
會樂汝說菩薩大士明度無極欲行大道當由此始
於是鶖鷺子念此賢者說明度道自己力耶乘佛聖
恩乎善業知其意而荅曰敢佛弟子所說皆乘如來
大士之作所以者何從佛說法故有法學賢者子賢

图14　北京大学图书馆藏民国版《大明度经》刻本书影

来理解般若。此经对本无思想的阐述，对后来六家七宗的产生起到了重要的启发作用，对玄学思想也有着相当影响。

三、《法句经》

《法句经》是小乘经典，但这部经典的翻译对作为大乘信仰者的支谦有着重要意义。这部经是他佛经翻译生涯的开始，通过参与竺将炎为主的七百偈本《法句经》的第一次翻译和后来他自己对这个译本的修订，支谦确立自己的译经原则。目前《大正藏》中存《法句经》二种，见于《大正藏》第四册的《法句经》题为“吴天竺沙门维祇难等译”，有学者认为根据行文及所存数目，此本当是支谦修订版本。而见于第八十五册的《法句经》则不著撰者，目前比较流行的本子是这个不撰著者的本子，这个本子行文更加流畅，逻辑也比较严整，其语言风格近于唐人译经的习惯，很有可能是支谦的修订本的基础上再次修订、编撰的版本。

除此之外，支谦花费很大力气翻译、修订这部经典，还与这部经典本身极为重要有关。《法句经》几乎包含了上座部一切教派的思想内容，学者一般以其为三藏要津，对它十分重视。自其东传以来，从汉魏直至南北朝，一般僧信都受其影响。近代吕澂先生对《法句经》也极为重视。在他撰著的《内院佛学五科讲习纲要》中，将此经列为五科讲习的第一种。吕先生认为“佛说以《法句》始，原构不可得而见矣。此从《阿含》辑之，品类次第略具旧观，由此可知佛说之本也”[①]。汤用彤先生甚至考订出更早流传的汉译《四十二章经》实际是从梵本《法句经》中零星抄出，译成汉文的。

本部分将简要介绍《法句经》的基本情况。

《法句经》，或译法迹。法，是佛弟子所行与所证的。迹，是形迹，足迹。依足迹去寻求，可以得知所到的地方。《法句经》是上座部《经藏·小部》里的十五部经之一，亦是其中最广为人知之经典之一。该经收集佛陀于二百九十九个事件里所开示的四百二十三首偈。

《法句经》在中国又名《法句集经》《法句录》《昙钵经》《昙钵偈》等，是从佛经中录出的偈颂集。印度法救撰，法救尊者是公元1世纪的北印度人，他重新整理古来传诵的佛祖法句，编辑成《法句经》。

《法句经》在中国至少有六个译本。

1. 《祐录》所存的《法句经序》中说：“法句经别有数部：有九百偈，或七百偈，及五百偈。”“近世葛氏，传七百偈。”[②]这个序虽然不具作者，但学者一般同意其作者就是支谦。也就是说在支谦以前，中国已有法句初译的七百偈本。但此本已佚。

2. 黄武三年（公元224年），五百偈本的《法句经》梵本由维祇难带入武昌，随后，由竺将炎口译、支谦笔授，三人合作，译出《法句经》二卷。这是第二译的五百偈本。但支谦认为“译所不解，则缺不传，故有脱失”。

3. 《祐录》还记载支谦译《法句经》二卷、二十六品、四百九十五偈，严格地说支谦这个译本实际上是对他自己与维祇难、竺将炎合译本的修订，这其实是支谦不满足于竺将炎的过于质朴、不求修辞翻译风格（后文讨论

① 《内院佛学五科讲习纲要》，《吕澂佛学论著选集》第1册，第585页。

② 《出三藏记集》，《大正藏》第55册，第49页下。

支谦对佛经翻译风格影响时，有具体说明，此处从略），通过自己的加工，达到他所希望的译文语言表达更为典雅流畅的要求。此本较竺将炎译本多出十三品，成为三十九品、七百五十二偈；即是现存的吴译《法句经》本，也是中国流传最广的通行本。

4. 晋法炬、法立合译《法句譬喻经》一卷，十二品。

5. 姚秦皇初五年到六年（公元398—399年），僧伽跋澄、竺佛念与道嶷共同译出《出曜经》三十卷。“出曜”即“譬喻”之意。僧叡在经序曰：“《出曜经》者，婆须密舅法救菩萨之所撰也，集比一千章，立为三十三品，名曰法句，录其本起，系而为释，名曰出曜。”[①]此经共三十三品，底本是法救本。

6. 宋太宗淳化元年（公元990年），天息灾译《法集要颂》四卷，此本引用秦译《出曜经》的原颂很多，《出曜经》与三十三品，近一千章的数目相合；从某种意义上说这个本子是《出曜经》的修订本。

吕澂先生指出：“吴译《法句经》旧序云：‘法句经别有数部：有九百偈，或七百偈，及五百偈。’是则《法句》原有广、中、略三本之分。从现存之梵（残）巴汉藏各本考之，广、中、略各本俱在。巴利原本四二三颂、二十六篇，即当于略本；吴译《法句经》，晋译《法句譬喻经》，七五二颂、三十九篇，即当于中本；秦译《出曜论》（解法句者，内含经文），北宋译《法集要颂经》，与西藏译本，九百余颂至一千五百颂、三十三篇，即当于广本。各本中自以巴本为最古，与吴译内二十六品吻合；惟吴译首尾增多十三品而已。至秦宋两译，章名大同吴晋，次第则出入甚多，可知为完全改作者。巴本不出辑者名氏，吴译以去皆题法救撰，以知《法句经》，前后确有两种，即初辑本与增订本也。”[②]此说对《法句经》的源流及汉译分析十分精当。

《法句经》内容庞杂，但其要义有三：涅槃、闻戒、止观。

《法句经》讲涅槃义散见于处。其中“泥洹品”最为重要。《法句经》讲涅槃，首先解释什么是涅槃。万法流转不居，此为苦。人善者少，趣恶者多；即便善趣微乐，亦非真乐。谛知此等是苦，即不得不求归宿于涅槃之究竟乐处矣。涅槃超于罪福，在善恶外，别有其净因，绝非由行能得之。

① 《出曜经序》，《大正藏》第四册，第609页中。

② 《法句经讲要》，《吕澂佛学论著选集》第2册，第644页。

涅槃有三相:无为相、无着相、无恼相。所谓无为,即是说涅槃非烦恼之所为,这个无谓不同于冥顽不灵一无所为。烦恼无量,总以爱欲为根本;不染爱欲,苦即净尽,说为“苦际”(即涅槃异名)。诸法皆以涅槃为自性,修行者旨求无为,是自然而然的事,因此说涅槃的无为相是一切有为法之自然归宿。所谓无着,“着”指戏论分别无义益之事。凡思言行无一与涅槃相顺,如稚子之弄沙城,其为戏论不待言。即在外道异学知求安宁处者,亦莫不随事执着,或于世俗现境中求,或于定境中求,寄相于此等处以求安乐,皆不知其亦属无常而终归戏论也。真正的涅槃应蠲除此谬见。所谓言无恼,“恼”谓苦痛,系属于身,身由五取蕴成,因既不净,果成苦痛。欲求出离者,当须离蕴,即转舍五蕴身而得五分法身(谓戒定慧解脱解脱知见具足。前四成己,后一利他),获大安隐,行净度世。又涅槃无恼,恼归于身;然非不用此身,乃以此身成就法身,即所谓大安宁身。涅槃三相,为证得者身心所体现,但已证未证,均同此五蕴身心,没有差别。得证与否只在能否发明自身本有的三相。涅槃有两种:一种不舍最后残余之身,即所谓有余涅槃;一种舍余依,即证得涅槃者并舍最后余身而为无余涅槃。

闻戒、守戒是得证涅槃的重要方法。以戒生定,以定生慧。闻戒守戒则能于性净心上离客尘染,兴功德性。若闻者之根已熟,资粮已满,便能获致净相之心,所谓义识(义者境也,即诸净相;心能恒住此义,谓之心清净)。由是遂能现观诸谛,以至舍诸苦本、烦恼无义,便能证得涅槃。其根未熟者,依人天教,亦于胜义得有增上,也可渐证涅槃。闻戒的关键是依佛,如果不能听闻正法,便会反而谤佛。因此必须出离惑障,智慧无着,内自证解佛之法身,外正观知佛之相好,不为外道邪魔引诱。戒分世俗、胜义二种。护戒福,致三报(名、利、生天),即世俗戒。护戒得真实见,明了法处,即胜义戒。守戒在得真见,有真见而后得涅槃。圆满戒学,须备四义:一者住法,即依如来所证所说正法正律净信修行。二具尸罗,谓于五篇七聚学处,无缺(于每聚学处首尾有犯为缺,如衣之缺也)、无穿(犯中间学处为穿)、无斑(于诸学处相续违犯为斑,如衣之污点斑驳也)、无杂(散犯不连续者为杂)、遍能受学。三者有惭,即于犯戒因缘,能发露求净。四者谛实,即依法对治,于智者前,如实自陈,而得出离也。

《法句经》亦主张“心为法本”、“心净则土净”由心染净，众生国土随之染净。如何能得心净而不染？是则不待外求，唯在调心。所谓止观，即调心之道。“沙门品”中说“无禅不智，无智不禅，道从禅智，得至泥洹。”“戒慎品”说：“以戒降心，守意正定，内学止观，无忘正智。”皆主张禅（定）智（慧）之相资，止观之互济。后来中国佛教强调止观并重，《法句经》的影响不可忽视。止观之要在于心，而心之大用在于能调。所谓心，即个体之心；所谓调，即使心平，衡犹如止水。调心的工夫在于有学与见迹。有学，即笃志佛学；见迹，即慧见谛理。心契此理，则归平衡；不契则成散漫。所谓心相，不外掉举、下劣、不定三种。对治即有三方便，谓止、举、舍。心掉时使之止；心下劣时令之举；心高下不定时，住平等舍。由此止观方便，得四种功德：一餐远离味，即心住一境，远离习气，则能受用身心轻安，是即止也。二静虑，即由净定心相（即止）。相续修习，则于所缘境如实知其质而尽其量，明辨审察而思择之，是即观。三常委，即由止观为依故，贯彻一切菩提分法，能常修习，遍一切时无有间断（常），遍一切处无有遗漏（委），此即一贯之道也。四念知，即由无懈无掉心故，能得最胜正念正知，心善解脱，永断五盖随眠。脱五盖故，乃于现法得安乐住。此乐住，即佛道究竟。且属现前受用，而非悬想未来，由此而将解脱彼岸拉入个体的内心。《法句经》以念为止观的方便。念即十随念，依次为：佛、法、僧、戒、施、天、死、身、息、寂。其中最为关键的方法是“息”。这个息，类似于安世高所传的数息观。它有四个特点：一息常随身，易为依止；二息离染净，不易生厌（如念身作不净观，易生厌世想）；三随顺法想，易得空观（息出入靡常，势不坚住，故可观空）；四者内法独有，不共外道（外道有归依及戒天死等念，唯不念息）。因为“息”这一方法有如此殊胜作用，被《法句经》特别重视。

第四章　支谦的历史影响

支谦作为三国时代最为杰出的佛经翻译家，其历史地位和影响值得大书特书。而与此同时，我们又必须认识到，支谦是三国时代中国早期佛教徒的代表，他代表了他身后那一整个时代。因此我们必须将他放回到他的那个时代，将他作为当时佛教徒的一分子来看待，在高度评价他个人的历史贡献时，也要同时看到三国佛教对中国佛教发展的整体贡献。本章分两个小节讨论支谦及以支谦为代表的三国佛教的整体贡献。

第一节　支谦的杰出贡献

一、支谦与中国佛教翻译风格的形成

佛经的翻译是佛教传播的基础。支谦的翻译是中国佛经翻译语言及翻译风格的分水岭。僧祐认为佛教初传时期，最大的问题是“胡汉译经文字音义异同”，通俗地说由于梵语的语法规则、表达习惯、词性在许多地方大相径庭，加之译者多受本民族语言特点、文化程度、思想偏好等因素的影响，许多名相、逻辑的翻译水平参差且很难统一，造成了信众理解上的混乱和困难。僧祐总结这一问题指出“是以义之得失由乎译人，辞之质文系于执笔。或善胡义而不了汉旨，或明汉文而不晓胡意，虽有偏解终隔圆通。若胡汉两明，意义四畅，然后宣述经奥于是乎正。前古译人莫能曲练，所以旧经文意致有阻碍，岂经碍哉？译之失耳！”[①]初步解决这一问题的

① 《出三藏记集》卷一三，《大正藏》第55册，第4页下。

正是支谦。支谦的翻译实践也为其后的佛教经典翻译开创了正确的方向。

支谦之前的早期佛典的翻译以现代翻译学所谓的“直译”为特征。支谦之前两位最为重要的翻译家安世高、支谦的师祖支谶的翻译都充分表现了这一特征。

僧祐对安世高翻译的评价是“义理明析，文字允正，辩而不华，质而不野。凡在读者皆亹亹而不倦焉”[①]。也就是说安译对义理的把握清晰，文字使用准确，用词审慎而不浮华，质朴而不粗俗，读者皆乐读不倦。僧祐评价他说：“天竺国自称，书为天书，语为天语。音训诡蹇，与汉殊异。先后传译，多致谬滥。唯世高出经，为群译之首。”[②]单纯从翻译技巧上说，安士高的翻译并不十分完美，实际上还是一些阅读上的困难和隔阂的。其原因大抵是因为此时佛教思想体系中的很多术语还没有相对应的汉语翻译，由于对复杂精妙的汉语并不精通，安世高多用音译。古今汉语发音的不同造成不同时代的读者对其汉本阅读上的困难。此外，为了保证译文的准确性，安世高一般直接采用梵文原本的句式、文法、语序乃至印度文化传统的思维特性和表达逻辑等，这些方面与汉语的表达存在着相当的差异，使其译本往往存在着语句的重复、颠倒情况。在内容上，这些译本一般是原本的摘录、节译，没有完全传达出经典的全貌，而且充满了译者对原文的理解释义。这些方面影响了读者全面真实地理解教义。但参照当时的一般水平，安世高还是最为突出的翻译家。此外，他的高明之处更多地表现在他对底本的选择，我们可以由此观察到他对汉译小乘经典体系建构的关注和实践，以及他本人深厚的佛学修养。

相对于安世高，支谶对汉语的掌握水平更高一些。支敏度《合首楞严经记》中说“此经本有纪云：支谶所译出。谶，月氏人也。汉桓灵之世，来在中国。其博学渊妙，才思测微，凡所出经，类多深玄，贵尚实中，不存文饰”[③]。慧皎对支谶及其译经作品的评价是“审得本旨，了不加饰，可谓善宣法要，弘道之士也”[④]。由此可见支谶的翻译风格仍旧是尚平实、中庸，

---

① 《出三藏记集》卷一三，《大正藏》第55册，第95页上。

② 《出三藏记集》卷一三，《大正藏》第55册，第95页下。

③ 《出三藏记集》卷七，《大正藏》第55册，第49页上。

④ 《高僧传》卷一，《大正藏》第50册，第324页中。

不求文饰。相对安世高的翻译，支谶的译文更加符合汉语语法的规范，在行文上更为流畅。但他仍然使用了大量音译，使得本就对佛教义理不熟悉的中土信众在理解上存在一定困难。

由支谶传承而下的支谦在翻译上开创了新的局面。支敏度在《合首楞严经记》中以《首楞严经》为例，比较了支谦与支谶翻译的不同："然此《首楞严》（指支谦译本）有小不同，辞有丰约，文有晋胡，较而寻之，要不足以为异人别出也。恐是越嫌谶所译者辞质，多胡音。异者，删而定之；其所同者，述而不改。二家各有记录耳。此一本于诸本中辞最省便，又少胡音，遍行于世，即越所定者也。"支敏度认为支谦和支谶的译本没有太大的区别，只是在文字的修饰、以及音译词的使用上有一些小小的不同。估计是支谦嫌支谶的译本文辞过于质朴，梵文音译较多。支谦修订了支谶译本中过多的音译，对文字进行了一定程度的加工，其余的部分基本保留。这样一来，支谦的译本便成为文字最为流畅优美的本子，世人一般也都采用这个版本。支敏度对支谦的评价很高，认为他"才学深彻，内外备通，以季世尚文，时好简略，故其出经，颇从文丽。然其属辞析理，文而不越，约而义显，真可谓深入者也"[①]。也就是说，支谦才学高深，通内外典，既能够按照汉季尚简略的文风，运用典雅华丽的汉语翻译佛经，同时又说理明白，不以词害义，可以算得上真正吃透了佛典的高手。

僧祐对安世高到支谦以来的佛典翻译家们有一个整体的评价："昔安息世高，聪哲不群，所出众经质文允正。安玄、严调，既亹亹以条理，支越、竺兰，亦彬彬而雅畅。凡斯数贤，并见美前代。"[②]这段评论中肯而精确地点明汉末以来佛经翻译水平的阶进过程：由质文允正，到条理亹亹，再到彬彬雅畅，其间的最重要的变化就体现于翻译文字逐渐流畅典雅，文质相应。僧祐的在家弟子刘勰（约公元465—520年）进一步提出了"文质相称"的创作主张，认为一方面必须"文附质也"，词藻的修饰必须以内容为根据，另一方面"质待文也"，内容也须一定程度的文饰。这一理念最终也成为了以后佛教经典汉译的基本原则。

当然，也有人持反对意见。道安对安世高至支谦时代翻译风格的变化

① 《出三藏记集》卷七，《大正藏》第55册，第49页中、上。
② 《出三藏记集》卷一三，《大正藏》第55册，第4页下。

有自己的判断，他认为“前人出经，支谶，世高，审得胡本难系者也。叉罗、支越，斫凿之巧者也。巧则巧矣，惧窍成而混沌终矣。若夫以《诗》为烦重，以《尚书》为质朴，而删令合今，则马郑所深恨者也。近出此撮，欲使不杂，推经言旨，唯惧失实也。其有方言古辞，自为解其下也。于常首尾相违句不通者，则冥如合符，厌如复折，乃见前人之深谬，欣通外域之嘉会也”[①]。

道安所谓“窍成而混沌终”是《庄子·应帝王》中的著名故事：“南海之帝为倏，北海之帝为忽，中央之帝为浑沌。倏与忽时相与遇于浑沌之地，浑沌待之甚善。倏与忽谋报浑沌之德，曰：‘人皆有七窍，以视、听、食、息，此独无有，尝试凿之。’日凿一窍，七日而浑沌死。”倏、忽为了浑沌，自作聪明地凿朴为精，反而使得浑然一体、无所不包的自然因之而亡。道安引用这个道家意味十足的故事意在批评自支谦以降的意译传统，[②]他认为这种翻译风格虽然流畅通俗广受欢迎，但是不免失实，贻人谬见，最终对佛教的发展没有好处。

道安由此提出了中国佛经翻译史上著名的“五失本、三不易”原则：“译胡为秦，有五失本也。一者胡语尽倒而使从秦，一失本也。二者胡经尚质，秦人好文，传可众心非文不合，斯二失本也。三者，胡经委悉至于叹咏，丁宁反复，或三或四，不嫌其烦，而今裁斥，三失本也。四者胡有义记正似乱辞，寻说向语文无以异，或千五百，刈而不存，四失本也。五者事已全成，将更傍及，反腾前辞已乃后说而悉除此，五失本也。然《般若经》三达之心，覆面所演，圣必因时，时俗有易，而删雅古以适今时，一不易也。愚智天隔圣人叵阶，乃欲以千岁之上微言，传使合百王之下末俗，二不易也。阿难出经去佛未久，尊大迦叶令五百六通迭察迭书，今离千年而以近意量截，彼阿罗汉乃兢兢若此，此生死人而平平若此，岂将不知法者勇乎？斯三不易也。涉兹五失经，三不易。译胡为秦，讵可不慎乎！正当以不前闻异言，传令知会通耳，何复嫌大匠之得失乎？是乃未所敢知也。”[③]后来的《弘明集》中也多有讨论佛典翻译规则、得失的讨论。

---

① 《出三藏记集》卷八，《大正藏》第55册，第52页中。

② 道安文中提到的叉罗是西晋译经僧，于阗人，又作无叉罗。与竺叔兰于陈留仓垣水南寺，译出朱士行得自于阗之梵书佛经《放光般若波罗蜜经》三十卷。其余事迹不详。参见《开元释教录》卷二。

③ 《出三藏记集》卷八，《大正藏》第55册，第52页中。

隋炀帝时设置翻译馆及翻经博士。当时的高僧彦琮，俗姓李氏，尤精于译事。译经一百馀卷，合二十三部，晚年著《辩正论》以流传后世，作为翻译佛经的准则。他说佛哲传经，深浅随缘，译事不易；虽精心审度，仍难臻恰当，为求圆满至善，宜有八备。《续高僧传》记彦琮的翻译八备如下："诚心爱法，志愿益人，不惮久时，其备一也。将践觉场，先牢戒足，不染讥恶，其备二也。筌晓三藏，义贯两乘，不苦暗滞，其备三也。旁涉坟史，工缀典词，不过鲁拙，其备四也。襟抱平恕，器重虚融，不好专执，其备五也。耽于道术，澹于名利，不欲高衒，其备六也。要识梵言，乃闲正译，不坠彼学，其备七也。薄阅苍雅，粗谙篆隶，不昧此文，其备八也。"①

唐代玄奘法师总结前人经验，明五种不翻，更是成为佛典使用音译词的基本原则：一、秘密故不翻，陀罗尼是；二、多含故不翻，如薄伽梵含六义故；三、此无故不翻，如阎浮树；四、顺古故不翻，如阿耨菩提，实可翻之，但摩腾已来存梵音故；五、生善故不翻，如般若尊重，智慧轻浅，令人生敬，是故不翻。②

宋代赞宁法师归纳译经中的种种情况，提出解决各类问题的方法，即赞宁六例："谓译字译音为一例。胡语梵言为一例。重译直译为一例。麁言细语为一例。华言雅俗为一例。直语密语为一例也。"③

这种对佛经汉译原则的思考实源自支谦。见于《出三藏记集》的《法句经序》尽管标为"未详作者"，但当代学者从其语气判断，明几乎一致断定此文是支谦自序。在解说了《法句经》内容之后，支谦接着写道：

"天竺言语与汉异音，云其书为天书，语为天语，名物不同，传实不易。唯昔蓝调、安侯世高、都尉，弗调，译胡为汉，审得其体，斯以难继。后之传者虽不能密，犹尚贵其实，粗得大趣。始者维祇难出自天竺，以黄武三年来适武昌，仆从受此五百偈本，请其同道竺将炎为译。将炎虽善天竺语，未备晓汉，其所传言或得胡语，或以义出音，近于质直。仆初嫌其辞不雅。维祇难曰：'佛言依其义不用饰，取其法不以严其传。经者当令易晓勿失厥义，是则为善。'座中咸曰：'老氏

① 《续高僧传》卷二，《大正藏》第50册，第439页上。
② 《翻译名义集》卷一，《大正藏》第54册，第1057页中。
③ 《续高僧传》卷三，《大正藏》第50册，第723页中。

称："美言不信，信言不美。"仲尼亦云："书不尽言，言不尽意。"明圣人意深邃无极。'今传胡义，实宜径达。是以自竭，受译人口，因循本旨，不加文饰，译所不解，则阙不传，故有脱失，多不出者。然此虽辞朴而旨深，文约而义博，事钩众经，章有本故，句有义说。"[①]

由此可知，支谦翻译由维祇难所出的五百偈本《法句经》时，采取的方法是由熟悉梵语的译者将之译成简单粗糙的直译本，再由精通汉语的译者加以润色修饰，成为符合汉语习惯，便于中土信众阅读理解的本子。这也是中国翻译的惯用方法。支谦的合作者竺将炎在翻译思想上与支谦有明显不同，竺将炎只要求不失本义，完整传达出梵文的全貌，而支谦则更多地考虑了中土信众的习惯，希望言辞雅达，使受众更容易接受。但这显然受到一些人的反对，维祇难引征佛陀的话"依其义不用饰，取其法不以严"，座中亦有人引用老子"美言不信，信言不美"和孔子"书不尽言，言不尽意"表示认同。支谦作为笔受者，只好依将炎口述，因循原文，不加文饰，直接写出。对于口译者不解之处，便阙失不传。

这一辩论实际上已经论及中国翻译理论注重的信、达、雅三事。支谦要求在对原文的尊重、译文逻辑的流畅以及文字的雅丽三者相结合。这些原则在支谦自己的译经过程中得到了实现。其译本呈现出迥异于前的样貌，深刻地影响了以后的中国佛教经典翻译。

另外，支谦的译文风格也很适合于佛传文学的翻译，因而他继承了汉末康孟祥译《修行本起经》那样"奕奕流便足腾玄趣"的传统，翻译出了《瑞应本起经》。此经用生动流畅的文字，将佛教本生的故事娓娓道来。这个译本故事性很强，语言流畅，保留了很多当时汉语口语的特征，使信众接受起来比较容易产生亲近感，促进了佛教的传播。支谦所译的《法句经》虽然没有他自己期望的雅达的高度，但是相较于梵文本"颂"体的四句诗，也已经基本符合汉语诗歌基本的押韵要求。支谦在翻译上所做的努力，使融华梵为一体的翻译文学作为一种新的文学体裁，在中国文学史上独树一帜。很多佛典经过他的妙笔润色，不仅内容奇异，而且文词优美、清新，作为为文学作品展示了特殊的意境；而大量的佛教术语和词汇，则极

① 《出三藏记集》卷七，《大正藏》第55册，第50页上。

大地丰富了汉语的语汇系统。从这个角度上说，支谦为佛教文学的发展作出了一定的贡献。

二、支谦对汉文佛典的诠释贡献

支谦的全部翻译工作，可以用"译新订旧"四字概括。译新，即翻译前人未曾翻译过的佛教经典。订旧，是指对已译经典的重新翻译、修订。

在订旧的过程中，支谦使用了"合本子注"和"格义"的方法。

陈寅恪先生曾经很敏锐地拈出"格义"和"合本子注"两件佛教史上极具标示性意义的事件，认为此二者标志着中国人开始使用汉语的文字体系来翻译、理解、解释佛教经典和义理，中国人自此开始真正理解佛教。

"合本子注"也称为"合译"，指在汉语语境中对佛教经典的校勘与追寻。囿于早期经典翻译环境和水平，一个梵文本佛经往往有多个译本，由于译者不同，对同一个术语往往有不同的翻译，不同的翻译在汉语中往往有同的涵义，这造成了信众在理解上的困惑。在原本难得以及多数人不通原文的情况下，将不同版本的汉语译文加以比较、对勘和注释，便成为相对精确了解原文的重要方法，这无疑借鉴了汉代以来儒家学者对先秦文献的进行注疏的经学诠释方法。这个方法本身是一种纯粹的中国方法，用以对外来思想的解释之中，是中国佛教的重要创举。这是当时佛教势力与知识阶层密切交往的结果，亦是佛教争取、影响知识阶层的重要手段。

合本子注的方法直接来自于支谦。他曾注解《了本生死经》，道安对此评价道："魏代之初有高士河南支恭明，为作注解探玄畅滞，真可谓入室者矣。"[①]道安论经的标准极高，给出这样高的评价，足见这个本子对经文原意把握之准确，注解之完备。支谦还曾制《合微密持经》，即《合微密持陀以尼总持三本》。所谓"三本"者，第一为《微密持经》，是支谦所自译。第二简称为《沱邻尼经》，此经已佚，第三为《总持经》，即《无端底总持经》，此经现亦不存。支谦将"文句参差，或胡或汉音殊，或随义制语，各有左右"的内容一一开列，然后，"依义顺文，经皆可符同"。[②]此外，支谦合注了《大

① 《出三藏记集》卷六，《大正藏》第55册，第45页中。

② 《出三藏记集》卷七，《大正藏》第五十五册，第58页上。

明度经》即《小品般若》，支谶《道行般若》为初出，对照两支译本，并无太大差异，但支谦译本更易为简洁、准确。支谦又校改支谶所译的《首楞严经》和维祇难所译的《法句经》。藏经中现存《法句经》题为维祇难译，但计其篇章数目及其文法，实为支谦的改定本。（按《祐录》卷二，维祇难和支谦录中各载《法句经》二卷）汤用彤先生认为"支谦并未别译，仅与竺将炎再校初译之文，并补其阙失。二家各有著录，并非谓第二出，全未因袭前人也"[①]。

与这个方法类似的，支谦还使用了"抄经"的方法。僧祐解释"抄经"的含义说："抄经者，盖撮举义要也。昔安世高抄出《修行》为《大地道经》。良以广译为难，故省文略说。及支谦出经亦有《孛抄》。此并约写胡本，非割断成经也。而后人弗思肆意抄撮，或棋散众品，或爪剖正文。既使圣言离本，复令学者逐末。"[②]易言之，"抄经"这个方法就是从大部头的经典中撮要抄出，因为梵语的语法和表达习惯与汉语有很大差异，这种方法更便于汉语读者理解和使用经典。这种摘抄不是断章取义而须在对文本深入理解的基础上进行，非深入者不能浅出。

合本子注这一方法，一方面有助于人们厘清经典原义，另一面使得注释者获得对原典进行私人化诠释的可能，在注释的基础上形成自己的思想学说体系。这个方法同儒家所谓"述而不作"的传统是一脉相承的。

与之相联系的格义也是一种中国佛教中典型的经典诠释方法。如在前文中所述，支谦其翻译的《大明度经》中已经开始借用颇具道家意味的"本无"来翻译后来被译作"真如"的概念。一般的佛教史都主张格义佛教是在晋室南渡以后出现的。但笔者认为支谦就已经开始无意识地自觉运用这个方法。晋室南渡之后，玄学慢慢发展起来，僧人们以及有着玄学思想背景的士大夫信仰者才有意识地、广泛地开始使用这个方法，以诠释外来的佛教思想。

可以说，支谦主要运用了这两个方法对其前一些完全照搬梵文原意的经典进行了初步的汉化处理，不但形成自己独特的译经风格，也在这一过程中加进了自己的见解和观点。

支谦本人没有独立的佛教论文存世，但通过对其译作的精读，我们还

① 《汉魏两晋南北朝佛教史》，第120页。

② 《出三藏记集》卷五，《大正藏》第55册，第37页下。

是能够大致了解到他个人的思想倾向和佛学观点。吕澂先生认为“支谦等所发展的学说,对后来大乘在内地的传播做了的准备工作。也可以说这才是真正佛教学说的萌芽”[1]。

我们也能从合本子注方法的使用中看到支谦本人的汉化程度,及其对中国传统文化的理解与运用。在合注和后来的格义佛教的过程,传统中国的知识阶层逐渐熟悉了越来越多的佛教经典,掌握中国化的佛教教义的表达和诠释方式,佛教正式走上了中国化的道路。支谦以后,合本子注的作法日渐增多,比较著名的有康僧会对《安般守义经》的注释加工、支愍度对支谦、竺法护、竺叔兰三个译本《维摩诘经》的对勘合校。两晋各家论师出现以后,这种诠释方法更是成为普遍方法。发展到唐代,高僧们对《法华经》《华严经》的注释动辄上百卷,也是这一方法的延续和发扬。

三、支谦对中国梵呗艺术的贡献

梵呗是一种以短偈形式赞唱佛、菩萨的颂歌,可有乐器伴奏,为印度佛经讲唱的原始形态。早期印度梵呗传入中土时,中土称其之“转读”。如慧皎《高僧传·经师篇》解释道:“然天竺方俗,凡歌咏法言,皆称为呗。至于此土,咏经则称为转读,歌赞则号为梵音。昔诸天赞叹,皆以韵入管弦。”[2]可见,印度梵叹传入中上后分化成了两种形式,即转读和梵呗,“咏经”为转读,“歌赞”称梵呗。天竺的叹赞比中土的内容更为广泛,包括了“转读”在内,而中土只指歌赞的唱颂,是相对狭义的“梵呗”。

相传中土创制梵呗的第一人是曹植。晋人刘敬述在《异苑》中记载:“陈思王曹植,字子建,尝登鱼山,闻岩岫有诵经声,则效而仿之,今之梵唱皆植依拟所造。”《出三藏记集》卷一二载有僧祐编《法苑杂缘原始集目录》,其中有《陈思王感鱼山梵声制呗记》,此书已经散佚,而道宣《集古今佛道论衡》在《魏陈思王曹子建辩道论》之后有一段记载:

> “陈思王曹植,字子建,魏武帝第四子也,初封东阿郡王,终后谥为陈思王也。幼含珪璋,十岁能属文,下笔便成,初不改定,世间术艺

① 吕澂:《中国佛教源流略讲》,见《吕澂佛教论著选集》卷五,第2481页。

② 《高僧传》卷一三,《大正藏》第50册,第415页中。

无不毕善，邯郸淳见而骇服，称为天人。植每读佛经，辄流连嗟玩，以为至道之宗极也。遂制转读七声，升降曲折之响，世之讽诵，咸宪章焉。尝游鱼山，忽闻空中梵天之响，清扬哀婉，其声动心，独听良久，而侍御莫闻。植深感神理，弥悟法应，乃慕其声节，写为梵呗，撰文制音，传为后式。梵声光显，始于此焉。其所传呗，凡六契。"①

《高僧传》也记载：

"始有魏陈思王曹植，深爱声律，属意经音。既通般遮之瑞响，又感鱼山之神制。于是删治《瑞应本起》，以为学者之宗。传声则三千有余，在契则四十有二。"②

由上引文献可知，陈思王曹植游览鱼山（又名"渔山"，今山东东阿境内）时，听闻空中传来一连串梵响，清扬悦耳，美妙动听。最为神奇的是，他的侍者却并没有听到。曹植仔细聆听后，模拟其音调记录成谱，并依据《太子瑞应本起经》的内容编纂唱词填入曲中，创作而成中国最初之"梵呗"，后世称之为"鱼山梵呗"（图15）。曹植所删治的《瑞应本起》，很可能就是支谦所译。由此可见，支谦与梵呗的创制有很深的因缘。

图15　鱼山梵音洞

① 《集古今佛道论衡》卷甲，《大正藏》第52册，第365页下。

② 《高僧传》卷一三，《大正藏》第50册，第415页上。

支谦曾依据《无量寿经》《中本起经》创作了《赞菩萨连句梵呗》三契，可惜在梁代以前便失传了。有学者认为那三契很可能是《无量寿经》里法藏比丘赞佛的一段和《瑞应本起经》里天乐般遮之歌及梵天劝请的两段。但不能否认支谦的这一创作对赞呗艺术的发展有相当影响。

汤用彤先生指出:“转读止依经文,加以歌咏。梵呗则制短揭流颂,并佐以管弦。前者虽有高下抑扬,而后者则以妙声讽新制之歌赞,非颇通音律、擅长文学者不办。支谦依《无量寿》《中本起经》,制《赞菩萨连句梵哩》三契,可见其深通汉文。谦所依据之《无量寿经》,不知何人译,亦不知取其何偈为赞。至若《中本起经》,实指支谦自泽之《瑞应本起经》。其中有帝释天乐般遮下到石室弹琴之歌。支谦盖取此为梵呗。(按《祐录》十二,《法苑杂缘原始集》目录,载有帝释乐人般遮琴歌呗。注云,出《中本起经》,可以为证)”[1]

第二节　佛学与儒学的互动

一、佛教对玄学的影响

佛教之所以能在三国两晋时代引起儒生的注意,最终对玄学产生发展起到重要启发作用,进而为自己谋求到了在中国文化中重要的地位,与汉末以来思想界的变化有着密切的关系。这一时期恰好处于经学衰落,儒学跌入最低谷的阶段。与此同时,佛教也恰好运用了道家的兴起为自己争取到了最初的同盟。可以说,正是儒家的衰落和道教的勃兴,使得佛教得到了初步的传播和发展的环境。

首先来看汉末儒学思想的整体情况。汉桓帝时,中国历史上发生了第一次党锢之祸。当时的知识阶层越来越不满于皇权对于知识权力的压迫,为了改变这个情况,他们以“君子”人格相互标榜,结成以自此的精神认同为基础的团体。太学中流传“天下楷模李元礼,不畏强御陈仲举,天

① 《汉魏两晋南北朝佛教史》,第122页。

下俊秀王叔茂”这句话。以道德相标榜,使得帝王也感受到来自德性力量与知识权威的压力。政治与文化之间产生了的矛盾潜流。正在此时,一个被李膺严厉处理的学生上书“告膺等养太学游士,交结诸郡生徒,更相驱驰,共为部党,诽讪朝廷,疑乱风俗”。[①]由此揭开了汉末的党锢之祸。党锢之祸一方面破坏了两汉延续近四百年的已经基本固化的知识阶层的内部结构,另一方面也使得受迫害的知识分子更加高举“道德”的旗帜,以一种殉道的心态反对汉代以来繁琐的经学传统。几年后,马融去世,马融是代表东汉博学通才的人物,他象征着儒家学脉的传统。他的离世也成为两汉繁琐经学最终走向没落的标志。

四百年来的儒学传统终于被打破,思想的真空如何填充?这里必须再次提及中国佛教史研究中的广受重视的襄楷上书,这是中国历史上文官文书中首次透露了“宫中立黄老、浮屠之祠”的信息。[②]

再来看道家道教方面,儒学传统中,最为薄弱的环节便是儒家短于对宇宙众生的形而上学的思考 ,虽然他们对世俗生活的伦理、道德乃至政治的思考很早就达到了相当的高度,但儒学终究不能免为自己的道德理想建立起一个超越而绝对的终极立足点。从汉代以来,儒学就一直试图为自己的理论找到一个终极支点,两汉儒生将目光投向了神秘主义。儒家的阴阳五行学说与黄老道思想合流,一直是两汉儒学的一个重要特点。这种学风影响了社会风俗。汉代经历了方仙道到黄老道的长期酝酿,出现了道教宗教组织,道教在汉末正式出现。[③]老子的祭祀、《太平清领书》出现、《想尔注》的问世是道教产生的重要标志。到魏晋以后,道教经典撰集、戒律形成、思想阐述和神仙谱系建立,道教的组织形式和思想内容日益丰富。寇谦之在北方朝廷道教改革,葛洪、陆修静、陶弘景在南方的宗教活动在当时的思想界引起了很高的重视,许多知识分子以亲近道家为思想基础,成为道教徒。更多的儒生,尤其是南方的儒生即便不是信徒,亦不再以道教信仰为违反礼制的淫祀和无知迷信的巫术,而将之作为养生和养性的坦途,加以理解和接受,慢慢改变自孔子以来对宗教信仰的抵触心态。与

---

① 《党锢列传》,《后汉书》卷六七,第2187页。

② 《襄楷传》,《后汉书》卷三十,第1082页。

③ 卿希泰:《中国道教》第1册,北京:知识出版社,1994年,第15页。

道教有着天然联系的佛教也便顺带地改变了自己的形象。

佛教徒显然不满足于佛教仅仅依附道教、在儒道的夹缝中勉强生存的状态，他们努力谋求佛教的独立发展和壮大。在这个过程中，早期佛教徒努力在佛教式的本体论思维方式和中国传统的伦理型的哲学之间寻求妥协和平衡，于是慢慢引起了儒家学者的关注。

如前文所述，支谦继承了洛阳教团以来的传统，在吴国与士大夫有了比较密切的互动，由于史料所限，我们基本不可能搞清楚他的交游范围，以及在与士大夫的交往过程中居士与儒生对佛教、儒学的认知评价和他们之间的相互影响情况及其程度。我们只能将以支谦为代表的早期佛教徒与传统的儒生的交往放在一个相对大跨度的时空中间，对儒佛之间的互动作一个粗线条的叙述。

我们能够确切观察到的是，从支谦以后，佛教徒在中国的活动逐渐由胡僧的译经和少数信徒的建寺活动为主，转向了汉族僧侣与上层文人之间对佛教义理的讨论。《出三藏记集》中记录不少稍晚于支谦时代的僧人与儒生辩难的著作。《道行指归》是何敬提问、支道林回答的关于般若学的问难。刘遗民与僧肇之间关于般若的讨论被记录在《般若无名论》中。王稚元和鸠摩罗什的问难有多种，如《问佛成道时何用》《问般若法》《问般若称》《问般若是实相智非》《问般若萨婆若同异》《问礼事般若》《问佛慧》《问权智同异》《问菩萨发意成佛》《问法身》，等等。仅从题目上看，就能看出当时儒生对儒学了解之深入。般若学成为信徒与儒生之间交流的热点话题。这其间不能不再次强调支谦的贡献，在什译《小品般若波罗蜜经》之前，中土知识分子主要是通过他的《大明度经》了解般若学的基本知识的。此外，这时还能看到诸多儒生自撰的讨论佛学的文章或小篇幅著作。刘遗民、王稚远、范伯伦、颜延年等的作品目录在《祐录》中都可见到。[①]

在《高僧传》中，我们也可以看到相当多的僧人在士大夫阶层中颇受欢迎。如竺法潜在“晋永嘉初避乱过江，中宗元皇及肃祖明帝、丞相王茂弘、太尉庾元规并钦其风德，友而敬焉”[②]。支遁“年二十五出家。每至讲

① 《出三藏记集》，《大正藏》第55册，第82—83页。

② 《高僧传》，《大正藏》第50册，第347页下。

肆善标宗会,而章句或有所遗,时为守文者所陋。谢安闻而善之曰:此乃九方堙之相马也。略其玄黄而取其骏逸。王洽、刘恢、殷浩、许询、郗超、孙绰、桓彦表、王敬仁、何次道、王文度、谢长遐、袁彦伯等,并一代名流,皆着尘外之狎。遁尝在白马寺,与刘系之等谈《庄子逍遥篇》云”[①]。竺法汰在“下都止瓦官寺,晋太宗简文皇帝深相敬,重请讲《放光经》。开题大会,帝亲临幸,王侯公卿莫不毕集”[②]。可见当时僧人交游的对象皆是名动一时的著名儒生,乃至君王大臣。此时的僧人虽然大多还冠以胡姓,表示他们血统上的异族身份,但其实他们的汉化程度已经很高,基本都精通汉语,熟悉汉俗,像支遁还能够与儒生讨论《庄子·逍遥游》这样的道家经典。佛教逐渐获得了更为广泛的知识分子的信仰,从这个意义上看,我们基本可以说,佛教已经初步“征服”了中国。

魏正始年间(公元240—249年),兴起了玄学。玄学的代表人物是王弼(公元226—249年)和何晏(公元190—249年)。他们将“无”作为万物本原,认为圣人就是修得无为自然之道的人。玄学是魏晋思想的主流,影响了整个时代的社会风尚,魏晋风度成为中国文化史上一个绕不过的重要问题。魏晋知识分子所追求的自由放浪的生活方式和思想取向,成为中国历史中绝无仅有的风景。佛教的般若思想和大乘佛教即入世即出世(以维摩诘居士为象征)的追求使得对当时的玄学家们有很大的吸引力。般若学首先被作为与老庄思想近似的无为思想接受,又进一步以极富思辨性的对“空”的论述极大地丰富和扩展了中国传统中的“无”这一概念的内涵,使得中国人哲学思考的领域逐渐延伸到了本体论的领域。

杜继文先生认为,何晏、王弼提出并要解决的主要玄学问题,集中起来有三个:第一,在本体论上“有”与“无”的关系(包括“动”与“静”问题);第二,在认识论上“名”“言”的作用;第三,在社会领域中“名教”与“自然”的关系(包括“情”与“性”的问题)。正是在这些主要问题上,早期般若学通过对佛经的翻译和注释,已经有了同以后玄学相类似的提法。早期的《小品般若》,不论哪个译本,贯穿全篇的核心概念都是“本无”(鸠摩罗什

① 《高僧传》,《大正藏》第50册,第348页下。

② 《高僧传》,《大正藏》第50册,第354页中。

后来将“本无”译为“如”或“真如”，此后成为什译成为通行译法）。本无是指人的世俗认识所不可能达到的超越存在。用否定的方式说，世俗认识面对的世界，都带有世俗认识的色彩，不可能去把握佛教所谓的真实性，因此，所谓“本无”也就是本无世俗认识的那个世界的真实存在。然而作为一个词来说，“本无”却很容易使人误解。如果，把“本无”的“本”当成“本末”的“本”来理解，“无”就必然成为派生万有的本体，般若学中含义广泛的“本无”就会被解释成为世界的“以无为本”。而何晏、王弼的玄学唯心主义，恰巧就是建立在“以无为本”，以“有”为“末”的理论基础上。在早期般若译经中，与“本无”密切有关的是“名言”概念在认识中的作用问题。从般若的观点看来，世俗认识面对的世界既属于本无，为什么人们的认识又偏偏视为实有呢？一个主要原因，在于把自己的名言概念当成一种客观的实际存在。《大明度无极经·行品》也说：“有所住止处，但字耳，了无所有……人复人所，本末空无所。”就是说，凡认识所能到达的地方，只有名言概念，从本到末都没有实际的事物存在。因此，在般若学那里，名言概念并不是客观世界的主观反映，也不是人们正确认识客观世界过程中的纽结；相反，它们只是一种纯主观的施设，是一种妨害人们获得真理性认识的障碍。为了达到佛教所追求的真理或真实世界，亦即“本无”“性空”，或称之为“道”的东西，就必须摆脱名言概念对认识的作用，所以无言默契、“语言道断”就被看成是一种高级的认识状态。对于佛教真理或彼岸世界的这种无言的认识活动叫做“体”，或叫做“证”，即亲身体验，亲自取证，也就是一种神秘主义的直观。能够做到这一点的叫做“体道”。支谦所译《大明度无极经·行品》中有句话：“从佛说法，故有法学……法意以为证。”注者说：“由言证已，当还本无。”即主张人们学习佛说，目的在证得“法意”；佛的一切言说，只是作为证得“法意”的手段；因此，一旦证得“法意”，认识就会直接契合“本无”，而舍弃一切名言概念。何晏、王弼提倡“无名”论和“言不尽意”说，同佛教对名言概念的话也非常相近。所谓“言尽意”还是“言不尽意”，始终是玄学讨论中的一个重要论题。他们讲的“无”或“道”，或称“无形无名”，既指世界本体，也含有绝对真理的意思。对这样的本体或真理，“名之不能当，称之不能既”，“言之者失其常，名之者离其真”，也不是名言概念所能完全反映和表达的。《三国志·钟会传》注引何劭《王弼传》载，王弼以为“圣人体无，无又不可训，故不说也”。“体无”的圣人孔丘和“体道”的圣人释迦牟尼一样，也不能用名言概念来表达自己证得的真理。魏晋玄学中突出讨论的“名教”与“自然”问题，同早期般若学所讨论的“名言”与“自然”问题，在本质上没有什么区别，而贵无派玄学解决这一问题所采取的哲学路线，与般若学也大体一致。首先在把“自然”当作离开人的作为和言说上就与般若学相同，“自然者，无称之言，穷极之词也”。所谓“名教”，狭义地指伦理道德关系，广义则包括社会经济基础和上层建筑的一切关系，而佛教所谓的世俗世界，也主要是这一部分。在贵无派玄学那里，这样的名教也是在自然基础上确立起来，“真散则百行出，殊类生，若器也。圣人因其分散，故为之立官长”。而立官长就不可不立名分。“真”就是指“自然”。自然状态分解了，名教就被确立起来。在早期的般若译经中，自然也是被称为“朴”的；而有“名”必有“分”，概念必有其确定的内涵和外延，这也正是般若学论证现象“本无”的一个重要论据。所以不论是般若学还是贵无派玄学，都把“名教”和“自然”看成是既对立又统一的关系。

二、玄学对佛教的影响

以上是般若学对玄学的影响。反过来说，玄学的兴起，为佛教的全面发展创造了良好的思想条件。佛教般若学正是假借玄学所开创的理路和思想风气，不断在上层知识阶层扩展自己的受众。三国至两晋时期，研究“般若”也开始成为一门独立的学问，即“般若学”。

般若学的流行与受人重视，是因为它与玄学颇有相似之处，玄学兴起以后，王弼、何晏“贵无”，主张从无生有，以《老子》解释儒家的《周易》《论语》。后来，裴頠在此基础上发展出“崇有”思想。向秀、郭象注重《庄子》的意趣，主张“自然”，主张既非从无生、也非从有生，而是万物自生，视万物为一体，宣扬顺化为归。当时的佛教学者中有一小部分本就出身士族，与玄学家具有相同的知识背景和阶级背景。又因为当时佛教尚处于“格义”时期，不能完全自立门户，必须资取玄学的某些观念来解释、说明自己的义学观点。加之，当时的名士、名僧乃至名道密切往来，玄思清谈，名僧名士往往并称，因而般若学天然地与玄学学说有所接近。出现了玄学般若化与般若玄学化的双重特征。[1]

洪修平先生认为，关于玄学对般若学的影响，"从形式上看，主要表现在使用概念范畴和所讨论的问题上，两者有许多相似之处；从思想方法上看，六家七宗都比较注重义理探讨反对执着文句，这与玄学的得意忘言也是一致的；从思想内容上看，贵无、崇有和独化的思想几乎对般若学各家都发生了影响"。其中以玄学对僧肇佛学思想的影响为最，"僧肇的佛教哲学体系与玄学的关系尤为密切。从概念到命题，从结构体系到思想方法，都可以清楚地看到僧肇受玄学的影响和对玄学的发展"。

杜继文先生则主张当以《老子》为津梁去理解玄学对般若学的影响。早期般若学借用《老子》的概念体系去介绍和发挥佛经的思想，同东汉后期《老子》的普遍流行有直接关系。以后贵无派玄学用《老子》解《论》《易》，与《老子》的行时也有关系。因此，不论佛教般若学还是贵无派玄学，它们的产生及其互相影响，都要联系到《老子》之被重新发现，去找寻社会根源(图16)。玄学和般若学在思想方面的关系说，大体可以得出这

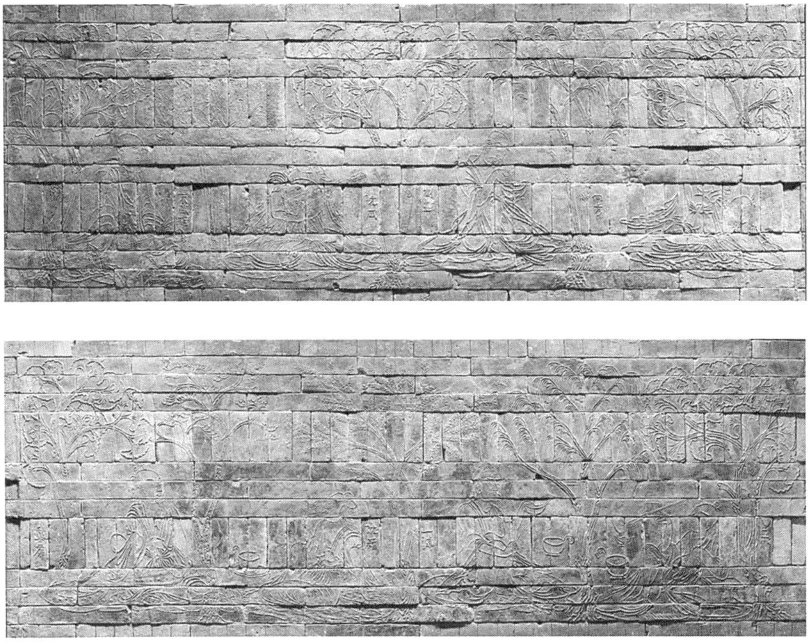

图16 南朝竹林七贤镶拼砖画(南京博物院藏)

① 参见《中国佛教源流略讲》，第2501—2502页。

样两个结论:第一,早期般若学并不是受玄学影响才产生的,而是在以《老子》为中心的道家思想基础上被介绍进来并得以传播的。因此,般若学的流传应该从汉末支娄迦谶介绍《道行般若经》算起,至三国支谦的《大明度无极经》而完成了在中国的扎根落户工作,至于魏晋以后,由于受到发展着的玄学的影响,般若学又形成了另外一个阶段,在理论形式上有了与前不同的变化,同汉末魏初的状况是不完全相同的。

第二,早期般若学对于玄学可能发生的影响,除在某些重要命题上的相近似以外,主要还在唤起抽象理论思辨的兴趣,使其能够有意识地从哲学基本问题上去解决世界观、认识论和社会政治等方面的一系列实际问题。

结语　三国佛教对以后中国佛教发展史的贡献

如前所述，本书将支谦作为三国佛教发展的一个代表。在全书的最后，笔者拟讨论以支谦为代表性人物的三国佛教对后来的中国佛教发展史的重要影响。

公元280年，继承魏的晋王朝统一全国，是为西晋（公元265—317年）。西晋的统治仅维持了二十余年便土崩瓦解。西晋灭亡后，琅琊王司马睿奉在建业赓续晋王朝法统，是为东晋（公元317—420年）。与此同时，北方则经历了十六国（公元304—439年）政权的更替。以公元439年北魏统一北方为界，此前史称东晋十六国时期，此后史称南北朝时期。

从汉代佛教东传至东晋以前的四百年间，中国佛教的主要活动是译经。来华的西域僧侣及早期的中国信仰者致力于佛教基本经典的翻译，通过他们的努力，汉文佛教经典体系初见雏形，佛教翻译的规范逐渐建立并完善，形成了独立且较为完整的术语体系。这些翻译家及其助手也是最早的佛教传播者，他们不辞艰辛，热心讲经传法，使佛教从中原逐渐传播到江南。但地域上的扩大并不意味着影响力的增强。两汉之际传入中土佛教，真正在中国人的生活中产生深远的影响、发生现实的作用，则一直要至差不多四百年后的东晋时代。两晋时期，佛教在中土的传播地域不断扩大，传播的内容越来越广阔且愈来愈有深度，信仰者的数量急剧增加。代西晋而起的北方政权的民族特殊性，使一贯被视为外来宗教的佛教获得前所未有的发展机遇，石赵、前秦、后秦以及北凉统治区域的佛教在朝廷的大力支持下，呈现出不同程度的繁荣局面。偏居南方的东晋朝廷，也随着当时名僧的不断南移，从帝王到士大夫再到百姓中的佛教信奉者数量日益扩张，佛教在社会生活中的地位日益重要，形成了庐山和建康等地佛教兴盛的局面。

齐梁时代的僧祐法师搜集大量文章结集而成《弘明集》。在其中集中批驳了世人“疑经说迂诞，大而无征”“疑人死神灭，无有三世”“疑莫见真佛，无益国治”“疑古无法教，近出汉世”“疑教在戎方，化非华俗”“疑汉魏法微，晋代始盛”六种对佛教的主要误解。而这六点，恰恰反映了当时中国人对佛教的一般认知和普遍怀疑。这里要特别提及的是，尽管僧祐努力反驳佛教在汉代初传至晋始盛的认知，试图强调佛教早在周代就已初传中土、汉魏之际佛教就已经兴盛的观点。但实际上，透过《弘明集》所收录文献，即可发现士大夫阶层将佛教作为儒家思想对立面而广为研究、讨论乃至批判对象的第一个高潮的确出现于东晋。

汉末至东晋这四百年间，佛教发展有一个极为重要特点，就是佛教在华流传的范围，由宫廷贵族扩大到知识阶层也就是作为传统中国中坚力量的士大夫阶层。

汉末三国时代佛教多在皇室贵族流传，同一时期作为社会中坚力量的士族门阀大多信仰中国原生的道教，与佛教鲜有接触，当时中国人与佛教的互动主要王室及主要权臣对于佛教的回应，荷兰学者许理和先生将因之而将这一时期的佛教称为“王室佛教”(Court Buddhism)。直到晋室南渡之后，佛教才真正进入了士族知识阶层，大量的有着深厚儒学、道教知识背景的士人开始关注佛教，或鼓吹或贬斥，佛教真正走入他们的视野。越来越多的士大夫开始信仰佛教，佛教通过知识分子的理论思考进入到以儒家思想为主干的中国的思想体系之中。许理和先生认为，这一过程出现在公元3世纪末、4世纪初，中国出现了知识型精英阶层，其中包括有知识的僧人，他们通过对佛教教义的与中国传统学术的结合，发展出特定形态的佛教，并在上层阶级广为传布，许理和先生命之为“士大夫佛教”(Gentry Buddhism)。他在与所谓的“王室佛教”对比的角度上使用“士大夫佛教”这一概念。许理和先生的名著《佛教征服中国》就是试图说明早期佛教争取知识分子的方式与过程的名著。

王室佛教代表了早期中国佛教发展史上的政府行为。而士大夫佛教指有文化的知识分子阶层(士大夫并包括出身于士大夫家庭的僧人)作为中坚力量，接受佛教的社会行为。士大夫佛教的产生是佛教中国化的重要开端。王室及士大夫与佛教的互动共同构成了佛教得以扎根中国的文化上的同化过程，使得佛教的一些观念成为中国思想的基本认同。士大夫佛教还推动了民间社会对佛教信仰的世俗化理解，导致了民众佛教(Popular Buddhism)的产生与发展。民众佛教是维持佛教在中国社会绵延的真正原因，中国传统社会晚期尤其是是明清时期社会生活的重要组成部分，成为民众的重要理据。

此外，佛教在民间的传播主要以佛教的民俗化的面貌出现。佛教以世俗化的形式渗透到了普通民众的日常生活之中(图17)。在佛教东传的最初二百年中，佛在一般人心目中是“犹名三皇神，五帝圣”，“乃道德之元祖，神明之宗绪”，可以“恍惚变化，分身散体”，“欲行则飞，坐则扬光”[1]的儒家圣人和道家神仙的结合体。佛教是一种与道教类似的宗教。需要特别注意的是，三国两晋时代佛教便开始以世俗化的形式逐渐渗透到了普通民众的日常生活之中。

图17　南京栖霞山千佛崖南朝佛窟

① 《牟子理惑论》，《弘明集》卷一，《大正藏》第21册，第2页上。

最先进入中国人思想世界、影响也最为深远的佛教思想是轮回思想。在佛教传入中国之前,中国人没有灵魂不灭观念,传统中国人的想法是尽可能长地延续有限的生命乃至得到永生,道家道教就在这样的前提下建构自己的修行系统。但这样的努力显然与人们现实观察到的现象相悖,不能解决人们对于死亡的疑问和恐惧。而佛教则告诉人们"灵亡神在,随行转生","受形命如电,昼夜流难止",[①]形灭而神不灭,肉体必然消亡,但灵魂不灭,灵魂会进入肉体生命的不断轮回之中,乃至上升到更高境界脱离痛苦的轮回,由此实现个体生命的生生不息。这便能很好地满足人们对于永生的渴求,满足人们最基本的心理渴求。

不仅如此,佛教向信仰者提供了实现灵魂永恒的解脱方式。最早流行的方式是对"神异"的追求。佛教传入中土之初,来自西域的僧侣一般就是通过神异来博取关注,为佛教争取生存空间和最初的信众。《高僧传》卷九、十记载了二十位早期中国佛教发展史中的神异僧,慧皎对"神异"的评价是"神道之为化也。盖以抑夸强摧侮慢,挫凶锐解尘纷。至若飞轮御宝,则善信归降。竦石参烟,则力士潜伏。当知至治无心刚柔在化"[②]。这个评价可谓精当。后来兴起的主流方法是习禅。这时信仰者所修习的禅法是小乘禅法,即通过数息等方法使精神集中于一点,从而进入一种超然境界。《高僧传》中记录三十二人通过习禅理解佛陀所说的"无常"真理,体认万法实相,求得心灵的宁静与超越。念佛、诵经也是另外一种重要的解脱方式。清代人赵翼在《廿二史札记》中列举了《晋书》《宋书》《魏书》《南齐书》《北齐书》《周书》中诵经免灾的故事,这些感应故事试图使人相信"非徒恃谈空说寂也……盖一教之兴,能耸动天下后世才,其始亦必有异人异术,神奇灵验"[③]。最后是"兴福",即所谓布施,当时的布施主要包括造寺、建塔、造像、无遮大会等,以及以解脱为终级诉求的佛教慈善事业等。与这些活动相关联,各种佛教仪式,如针对在家居士举办的八关斋会、讲经法会,各种佛教节日如浴佛节、盂兰盆会也成为日常生活中常见的活动,这些活动在佛教救赎观念的传播中也起到了巨大作用。

---

① 《法句经·生死品第三十七》,《大正藏》第4册,第559—575页。

② 《高僧传》卷十,《大正藏》第50册,第395页上。

③ 赵翼:《廿二史劄记》卷十五,北京:中国书店,1987年,第202页。

佛教徒四百年坚持不懈的努力终于使得佛教信念进入了古代中国的生活世界和思想世界。自此以后,中国佛教便主要在士大夫和平民两个不同的社会阶层中传播。实际上,此后中国佛教的发展始终没有脱出这种二元化的发展模式。对知识阶层来说,佛教是一种玄远的哲思。佛教为士大夫提供了一个迥异三代以来形成的儒家式的路向,中国人的心灵由此从血缘家族为中心的日常生活延伸到浩渺无垠的宇宙存在。佛教为士大夫提供了一个超越、出离的纯粹境界,使他们在充满束缚的现实生活中得到心灵的自由。对普通民众来说,佛教是一种迎生送死的日常仪式,在对神佛的诵念供养的过程中,人们现世的痛苦生活有了一个寄望于来世的美好希望,给他们无休止的劳作以短暂的休憩。世俗化的佛教更是同中国本土某些信仰、巫术相结合,形成了以佛教为基础的一些民间宗教,对传统中国的政治、经济、文化、社会科学各种领域产生了巨大的影响。

参考文献

僧祐《出三藏记集》,《大正藏》第55册。

僧祐《弘明集》,《大正藏》第52册。

慧皎《高僧传》,《大正藏》第50册。

道宣《续高僧传》,《大正藏》第50册。

道宣《集古今佛道论衡》,《大正藏》第52册。

费长房《历代三宝记》,《大正藏》第49册。

智升《开元释教录》,《大正藏》第55册。

靖迈《古今译经图纪》,《大正藏》第55册。

念常《佛教历代通载》,《大正藏》第49册。

觉岸《释氏稽古略》,《大正藏》第49册。

志磐《佛祖统纪》,《大正藏》第49册。

法云《翻译名义集》,《大正藏》第54册。

一如《大明三藏法数》,《永乐北藏》第181册。

支谦所译经典,俱见《大正藏》。

魏收《魏书》,北京:中华书局,1974年。

司马迁《史记》,北京:中华书局,1982年。

赵翼《廿二史札记》,北京:中国书店,1987年。

陈寿《三国志》,北京:中华书局,1999年。

吕澂《中国佛教源流略讲》,见《吕澂佛学论著选集》第五册,济南:齐鲁书社出版社,1991年。

吕澂《内院佛学五科讲习纲要》,《吕澂佛学论著选集》第一册,济南:

齐鲁书社出版社,1991年。

吕澂《法句经讲要》,《吕澂佛学论著选集》第二册,济南:齐鲁书社出版社,1991年。

南京博物院 编《佛教初传南方之路文物图录》,北京:文物出版社,1993年。

卿希泰《中国道教》,北京:知识出版社,1994年。

梁启超《梁启超全集》第十三卷,北京:北京出版社,1999年。

葛兆光《中国思想史》,上海:复旦大学出版社,2001年。

汤用彤《汉魏两晋南北朝佛教史》,武汉:武汉大学出版社,2008年。

赖永海 主编《中国佛教通史》,江苏:江苏人民出版社,2010年。

[荷]许理和《佛教征服中国》,南京:江苏人民出版社,1998年。

[日]谷川道雄 主编《魏晋南北朝隋唐基本问题》,北京:中华书局,2010年。

吴廷、郑彭年《佛教海上传入中国之研究》,《历史研究》1995年第2期。

吴焯《张骞指求的身毒国应该是哪些路线》,《南亚研究》1998年第1期。

方广锠《〈浮屠经〉考》(修订稿),《法音》1998年第6期。

后 记

支谦生活的汉末、三国时期是佛教在中国最早发展阶段的尾声。他经历了佛教由中原(以洛阳为中心)向江南(以建业为中心)一带的发展过程,经历了佛教由宫廷向一般知识阶层的普及过程。佛教在中土的初期发展中,支谦与他同时代的佛教翻译家、信仰者付出了艰辛的努力,作出了巨大贡献。但由于多种原因,支谦的相关历史资料留存至今的极为稀少,这为支谦相关研究的开展带来了许多困难。笔者通过对汉末三国的史籍及佛教文献的细致梳理,大致理清了长久以来不为人所知的支谦生平的一些疑点,以及他于战乱之中辗转到达建业以后在译经及其他佛教事业上的主要工作,并试图将之放回到当时的历史背景之中,考察、评价支谦的历史贡献。

囿于资料和笔者水平的限制,本书还存在着一些尚待改进的问题。如对支谦在辗转到达建业、进入他个人译经的黄金时代之后的译经、交游、传教的具体情况的梳理,以及支谦对当时建业知识阶层佛教信仰的影响力到底如何等一系列既关系到支谦研究、也涉及佛教在江左早期发展情况的研究尚存在着很大的研究空间。笔者热切地期待着新的历史资料的出现,解决这些关键性问题。

此外,我要特别感谢各位领导和同仁的信任、鼓励,使我有机会参与到“南京历史文化名人系列丛书”的研究工作中。

最后,恳请专家和读者们指出本书的问题和疏漏,以便改进。

王　毓

2016年末于南京